全国职业教育学前教育专业"十三五"规划教材

幼儿园玩教具设计与制作

（第二版）

主　编　崔庆华
副主编　李慧敏　杨书静　刘肖冰

华中科技大学出版社
http://www.hustp.com
中国·武汉

内 容 提 要

"玩教具制作"是普通高等学校学前教育专业和幼儿师范院校学生必修的一门教育技能课,也是幼儿教师教育的基础课程之一。本书立足于普通高等学校学前教育专业和幼儿师范院校教学需要,结合幼儿园教育教学实际,集美工专业知识技能与幼儿教育基础知识于一体,既强调知识技能的掌握,又注重实践操作能力和设计创意的培养,突出以用带学、以学促用的特色。

本书系统地介绍了各种材质幼儿园玩教具的设计与制作,包括纸质材料、泥材料、纺织材料、自然材料、废弃材料等。

本书既可作为普通高校学前教育专业和幼儿师范院校在读学生的教材,又可以用作职后幼儿教师继续教育的教材。

图书在版编目(CIP)数据

幼儿园玩教具设计与制作/崔庆华主编. —2版. —武汉:华中科技大学出版社,2018.7(2022.7重印)
ISBN 978-7-5680-4469-1

Ⅰ. ①幼… Ⅱ. ①崔… Ⅲ. ①幼儿园-自制玩具 ②幼儿园-自制教具 Ⅳ. ①G614

中国版本图书馆CIP数据核字(2018)第171124号

幼儿园玩教具设计与制作(第二版) 崔庆华 主编
You'eryuan Wanjiaoju Sheji yu Zhizuo(Di-er Ban)

策划编辑:	袁 冲
责任编辑:	史永霞
封面设计:	原色设计
责任监印:	朱 玢
出版发行:	华中科技大学出版社(中国·武汉)　电话:(027)81321913
	武汉市东湖新技术开发区华工科技园　邮编:430223
录　排:	华中科技大学惠友文印中心
印　刷:	湖北新华印务有限公司
开　本:	880mm×1230mm　1/16
印　张:	8
字　数:	246千字
版　次:	2022年7月第2版第6次印刷
定　价:	49.00元

本书若有印装质量问题,请向出版社营销中心调换
全国免费服务热线:400-6679-118　竭诚为您服务
版权所有　侵权必究

前　　言

"玩教具制作"是普通高等学校学前教育专业和幼儿师范院校学生必修的一门教育技能课，也是幼儿教师教育的基础课程之一。目前，学前教育专业玩教具制作在我国还是一门比较年轻的新兴课程，未来有很大的发展空间。随着学前教育的深入发展，为培养适应社会需求的高素质幼教人才，学前教育专业学生迫切需要掌握儿童玩教具制作这一新兴的职业技能，这是学前教育发展的潮流。

玩教具是实施科学的学前教育的重要手段之一，是学前儿童认识世界、实现身心发展的重要途径，是教育思想的载体。《3～6岁儿童学习与发展指南》中指出："幼儿的学习是以直接经验为基础，在游戏和日常生活中进行的。要珍视游戏和生活的独特价值，创设丰富的教育环境，合理安排一日生活，最大限度地支持和满足幼儿通过直接感知、实际操作和亲身体验获取经验的需要。"玩教具正是学前儿童建构直接经验的重要载体，是幼儿教师有效传递信息、调动主体认知积极性和主动性的重要因素。自制玩教具既能丰富教育资源，又承载着教育思想、教育观念，为提高教育质量给予有力的支持。

《学前儿童玩教具设计与制作》自2014年出版以来，受到各用书单位师生的广泛好评，同时我们也收到了他们在使用这部教材时遇到的一些情况反馈。教材编写组成员对此非常重视，在经过多方调研和总结后，我们开始着手对教材进行修订。我们深知教材的修订并非简单的查漏补缺，为了做好教材修订工作，增强教材的实用性，一方面，我们对使用教材的相关院校师生进行了广泛而深入的调研，认真听取他们的意见；另一方面，我们也征询了幼儿园一线教师对教材内容设置的建议。与此同时，在内容设置方面我们兼顾了职前职后的需求，既考虑到知识传授和技能培养，又考虑到了学理深度和实操价值。

鉴于此，新版教材继续沿用原有教材的知识体系与编写体例，立足于普通高等学校学前教育专业和幼儿师范院校教学需要，结合幼儿园教育教学实际，集美术、手工专业知识技能与幼儿教育基础知识于一体，既强调知识、技能的掌握，又注重实践操作能力和设计创意的培养，突出以用带学、以学促用的特色。全书每章都有学习目标与学习概要，为学生自主学习提供指导；然后介绍各种材质玩教具的一般制作方法，使学生能够掌握系统知识；每章的最后再以案例的形式具体介绍各种玩教具的应用，包括该玩教具的设计思路、制作方法与过程、拓展延伸，尽可能地体现现代幼儿教育理论研究和玩教具的实践成果，并为学生留足发挥的空间，使学生能够举一反三，将所学内容广泛迁移。

新版教材通过"删""整""增""减""彩"等环节，对教材内容进行修订。删除了原版教材中陈旧过时的内容；整合了原版教材中内容关联性比较大的内容；增加了与幼儿园教育教学密切关联的实操性内容；适当减少了原版教材中理论性过度阐述的内容；采用了彩色印刷，提高了教材的参考示范性及阅读趣味。

本书既可作为普通高等学校学前教育专业和幼儿师范院校的日常教学用书，也可作为幼儿教师继续教育教材，同时也是广大幼教工作者的教学工具书。

本书所有编写人员均为普通高校与幼儿师范院校年富力强的一线教师，具有较高的专业水平，长期从事学前教育专业的美术、手工、幼儿教法教学工作。本书是所有参编人员集体智慧的结晶。本书的主编为崔庆华，副主编为李慧敏、杨书静、刘肖冰。编写人员的具体分工如下：第一章和第三章由杨书静编写；第二章由李慧敏编写；第四、五、六章由崔庆华和刘肖冰共同编写。全书由崔庆华统稿、审订。

本书中大部分的作品、图例由编写老师创作，作者就不在书中一一注明。只有少量图片来自网络，难以查明出处，在此，对原作者表示感谢。

本书在编写过程中，得到了参编教师所在单位和安阳市大院街幼儿园的大力支持，在此向为我们提供帮助的领导和老师表示衷心的感谢。

由于编写时间仓促，编者水平有限，难免存在疏漏与不妥之处，敬请广大师生在使用过程中多提宝贵意见，以便日后加以修正。

编　者

2018 年 6 月

目录

第一章　总述　1
　　第一节　幼儿园玩教具的概念和分类　1
　　第二节　幼儿园玩教具制作的基本要求　3

第二章　幼儿园纸质材料玩教具设计与制作　7
　　第一节　软纸类玩教具　7
　　第二节　硬纸类玩教具　23
　　第三节　废旧纸质材料玩教具　34

第三章　幼儿园泥材料玩教具设计与制作　42
　　第一节　传统泥材料玩教具　42
　　第二节　彩泥玩教具　57

第四章　幼儿园纺织材料玩教具设计与制作　68
　　第一节　布材料玩教具　68
　　第二节　手套、袜子玩教具　85
　　第三节　毛线材料玩教具　95

第五章　幼儿园自然材料玩教具设计与制作　101

第六章　幼儿园废弃材料玩教具设计与制作　112

第一章 总 述

1. 了解幼儿园玩教具的概念及种类。
2. 理解自制幼儿园玩教具在学前教育中的意义。
3. 掌握幼儿园玩教具制作的基本原则和基本环节。

玩教具是实施科学的学前教育的重要手段,是学前儿童认识世界、实现身心发展的重要途径,是教育思想的载体。

第一节 幼儿园玩教具的概念和分类

一、什么是玩教具

人们常说玩是孩子的天性,玩就是学前儿童的重要生活内容与方式之一,而学前儿童参与的大多数游戏也和玩具密不可分(图1-1-1)。

幼儿园玩教具,主要是指在学前教育的游戏和学习等教育活动中使用的,教育者根据一定的教育目的,有计划地经过选择或自行制作的,特地为教育特定年龄段的幼儿设计和设置的游戏娱乐工具。

图1-1-1 玩教具

二、玩教具的分类

实际应用中的玩教具种类繁多,为了方便学习和掌握,我们可以依据不同的视角对其进行分类。

(1) 按玩教具制作途径的不同进行分类,玩教具可分为自制玩教具(图1-1-2)和工业成品玩教具

(图 1-1-3)。自制玩教具又可分为成人制作的玩教具和学前儿童在教师指导下制作的玩教具。

图 1-1-2　自制玩教具　　　　　　　　图 1-1-3　工业成品玩教具

(2) 按玩教具的时代特征不同对玩教具进行分类，玩教具可分为传统玩教具和现代玩教具。

(3) 按使用物质材料的不同对玩教具进行分类，玩教具可分为纤维材料玩教具、泥土材料玩教具、木竹材料玩教具、金属材料玩教具、纸材料玩教具等。

(4) 按玩教具的功能不同进行分类，玩教具可分为表征性玩教具、教育性玩教具、建构性玩教具、运动性玩教具、娱乐性玩教具、综合性玩教具等。表征性玩教具是以社会和自然环境中的真实事物为模拟对象，其形状类似于真实的物体，比如角色表演中的头饰（图 1-1-4）、布玩偶、过家家游戏中的瓜果盘、户外活动中使用的小车 (图 1-1-5) 等。教育性玩教具可以帮助学前儿童学习某种特殊的概念或技能，并侧重于促进其智力的发展，如拼图（图 1-1-6）、识字书（图 1-1-7）等。建构性玩教具是可以让学前儿童自己进行建构活动的材料，如积木 (图 1-1-8) 和橡皮泥。运动性玩教具主要指在体育活动中使用的各种设备、材料，如飞帕、球类（图 1-1-9）、沙包（图 1-1-10）、跨栏等。娱乐性玩教具是

图 1-1-4　表征性玩教具 1　　　图 1-1-5　表征性玩教具 2　　　图 1-1-6　教育性玩教具 1

图 1-1-7　教育性玩教具 2　　　图 1-1-8　建构性玩教具　　　图 1-1-9　运动性玩教具 1

指各种模拟乐器和滑稽造型的玩教具 (图 1-1-11 和图 1-1-12)。综合性玩教具的功能较为全面,具有一物多用的特征 (图 1-1-13)。

图 1-1-10　运动性玩教具 2

图 1-1-11　娱乐性玩教具 1　　　图 1-1-12　娱乐性玩教具 2　　　图 1-1-13　综合性玩教具

(5) 按玩教具应用的学前教育活动领域不同,玩教具可分为语言活动玩教具、社会活动玩教具、科学活动玩教具、艺术活动玩教具和健康活动玩教具。

第二节　幼儿园玩教具制作的基本要求

(一) 自制幼儿园玩教具的意义

自制幼儿园手工玩教具是相对于直接花钱购买的现代商业玩教具而定义的,是教师、家长和幼儿利用各种不同的物质材料,通过编、缝、折、刻等手段,自己动手制作并用于游戏或认知活动的平面或立体的造型,是学前教育中具有重要意义的教学资源之一。

(1) 有效促进教师专业发展。
(2) 有利于孩子创造力的培养。
(3) 能最大限度地符合与满足幼儿心理发展的需求。

(4) 节约成本，培养环保意识。
(5) 更能贴近教育活动需要。
(6) 能传承和发扬民族文化。

儿童的成长过程就是不断观察和体验的过程，在儿童对传统民间手工艺和传统文化的认知过程中，自制玩教具发挥着不可替代的作用（图1-2-1）。

图1-2-1　民间手工艺玩教具

二、幼儿园玩教具制作的基本原则

幼儿园玩教具不仅要为学前儿童提供学习的机会，而且要给他们带来快乐，所以在制作时要遵循以下基本原则。

（一）玩教具要有安全性

安全性是我们围绕幼儿开展活动和设计制作的基本原则。玩教具制作使用的材料首先应该是安全的；在设计外观上要避免尖锐的角、锋利的边缘、夹手的裂缝；避免掉色，保证安全、卫生。

（二）玩教具要有教育性

玩教具虽以幼儿玩耍为目的，但同时也渗透着让幼儿学习生活技能的目的，能起到优化幼儿园教育的功能，能在适当的时候辅助幼儿教师为幼儿开展各种活动和游戏，并使他们从中受到更好的教育。

（三）玩教具要有童趣性

玩教具要符合幼儿的身心发展特点。幼儿时期，认识的发展尚处于无意性占优势的阶段，他们的学习往往受兴趣支配。童趣性要求在玩教具设计中，教师必须使操作应用环节充满趣味，以引起幼儿浓厚的学习兴趣，激发幼儿学习的积极性和求知欲，使幼儿在愉快的气氛中，带着喜悦的情绪，全身心地投入活动中去，获取知识和技能。

（四）玩教具要有艺术性

玩教具在色彩和造型上应符合幼儿的审美特点，给幼儿以美的视觉享受，能激发幼儿快乐的情绪、情感，培养美感。例如，浑圆、简洁的形象能吸引幼儿，能引起他们更多的关注，尚未走出视觉模糊阶段的幼儿，对浑圆的造型能淋漓尽致地感知。

（五）玩教具要有可操作性和可参与性

许多幼儿教师曾提到，花了大量时间和心血做出来的精美玩具幼儿不喜欢玩，或者幼儿玩耍的时间不长。究其原因，就是幼儿教师没有按照玩教具的可操作性和可参与性的原则来设计制作玩教具，而使玩教具成了给成人看的装饰品。玩教具的设计使用应有利于引发、支持幼儿的游戏和各种探索活动及与他人之间的互相作用。只有使幼儿参与到玩教具的制作或使用中，才能让他们从中受到教育。

（六）玩教具要有浓郁的游戏色彩

"以游戏为基本活动"是学前儿童教育区别于中小学教育的重要特点，因此玩教具设计不能与游戏割裂开来。游戏符合幼儿好动、自制力差的特点，还可以满足幼儿自我表现、自我肯定的需要。幼儿在游戏中可以获得影响他人与控制环境的能力，建立起对自己的信心。当幼儿完成了包含在游戏活动中的一定课题与任务时，幼儿会获得成功的喜悦。玩教具主要是幼儿游戏活动的道具，它为幼儿从现实进入想象架起了桥梁，因此，在幼儿玩教具设计环节中，应注重游戏应用环节的设计。

三、幼儿园玩教具制作的基本环节

幼儿园玩教具的制作过程，由若干个相互联系的工作环节构成，但其环节的数量及顺序，不是一成不变的，会因不同手工玩教具的差异而有变化，或简易，或较复杂。一般情况下，手工制作玩教具大体包括以下环节。

（一）构思与选材

构思是一种形象思维的过程，是依据学前儿童活动过程中的内外部制约条件，对玩教具的选材、设计、制作、装饰、色彩以及操作活动进行全面的计划与思考。选材是保证顺利实现构思和设计的重要前提条件。

构思与选材有两种方式。一是先构思再选材，强调对材料的选择和利用应符合构思立意的需要，所选材料应更有利于玩教具形象的塑造或功能的展现。二是先选材再构思，根据材料的性能构思在教育活动中的形式和适用内容。由此可见，材料可以启迪和影响构思和设计，例如废弃物的利用多采用这种方法。

（二）设计与制作

设计是把构思形成初步的设计形象，使构思更加明晰化，包括对作品各部分的比例、结构等制定出可行性实施方案。设计方案一般存在于设计者意识中，在制作比较复杂的玩教具时，可以画出图纸，再根据实际情况进行修改。在这个环节中，一定要考虑到孩子的年龄特点、身高、操作方便与否。

制作是完成作品的施工阶段。制作方法应根据材料特点的不同而合理使用。玩教具的制作工艺不追求复杂，但应遵循科学性和安全性原则，例如用易拉罐制作玩教具，制作粗糙则易划伤学前儿童，所以制作工艺应精细耐玩，在学前儿童活动中便于操作。

设计与制作有时候是同一过程，设计方案也会在制作过程中反复调整，使之趋于合理。

（三）装饰与配色

一件好的自制玩教具与其装饰是分不开的。装饰通过涂绘、粘贴等手法进行，使其不仅具备使用功能，而且具备审美功能。

幼儿园玩教具使用的颜色一般较为鲜艳，因为高纯度、高明度的色彩更能引起幼儿的注意。在设计运用中，我们也应注意色彩的协调搭配，室内的玩教具可以多使用一些较柔和的色彩，避免幼儿视觉疲劳和审美疲劳。玩教具制作中的配色和绘画的配色是同一个道理。

(四) 整理

在制作玩教具时应考虑到它的整齐，合理分布各"零"件位置，做到摆放合理、大小适中、观察清楚。

福禄贝尔教育思想及教具"恩物"

福禄贝尔(1782年4月—1852年6月)，德国近代著名教育家，现代学前教育的鼻祖，幼儿园创始人。他详细研究了学前教育理论和幼儿园的教学方法，明确指出了幼儿园的任务，建立了游戏的理论体系，系统地提出了一整套作业体系和教育方法。1837年，福禄贝尔在勃兰根堡创办了一所"发展幼儿活动本能和自发活动"的儿童游戏活动机构，招收3~7岁幼儿，并运用自己在数学和建筑学方面的专长，为儿童设计了6套玩具，称为"恩物"。

 课后练习与思考

1. 谈一谈幼儿园玩教具的概况。
2. 如何理解幼儿园玩教具制作的教育意义及制作原则？
3. 简述幼儿园玩教具制作的基本环节。

第二章
幼儿园纸质材料玩教具设计与制作

学习目标

1. 了解纸质材料玩教具的设计原理及制作规律。
2. 掌握各类纸质材料玩教具的制作方法及造型技巧。
3. 能够结合教学活动要求及幼儿特点制作、操作纸质材料玩教具。
4. 具备环保意识，能够利用生活中的废旧纸质材料进行玩教具的综合设计与制作。

学习概要

纸质材料在我们的生活中随处可见，因其经济方便、种类繁多，具有很大的使用优势，是传统玩具制作的常用材料。纸质材料在幼儿园的教育教学工作中使用也很广泛，无论是幼儿园的环境布置，还是各类玩教具的制作，纸质材料都以其自身的巨大优势发挥着不可忽视的作用。纸张性能各有差异，适于表现的造型内容及制作的方式技巧也各不相同。我们要在了解纸张性能及幼儿园玩教具设计原则的基础上，掌握各类纸质材料玩教具的制作方法和造型技巧，并能触类旁通，在今后的教学工作中进行拓展延伸。

第一节　软纸类玩教具

不同的纸张具有不同的性能，我们要在了解纸张性能的基础上进行合理应用，这样才能制作出能充分体现纸质优势的作品。学前儿童纸质材料玩教具常用的材质可分为软纸和硬纸两种，软纸主要包括手工纸、皱纹纸、宣纸、卫生纸、打印纸等，其纸质较薄较软；硬纸主要包括色卡纸、瓦楞纸、铜版纸、纸箱纸等，其纸质较厚较硬。还有生活中的一些废旧纸质材料，如纸盒、纸杯、纸盘、纸袋等，也是制作玩教具用材的不错选择。不同的纸张通过不同的制作方法，可以制作出不同的玩教具。本节根据制作技法的不同介绍多种软纸类玩教具的制作方法和造型技巧。

一、折纸类玩教具

折纸作为一种造型艺术，因其材料丰富易得、制作方便简易、造型随意生动而流传广泛，在幼儿园的教育教学工作中也较为常用。折纸作品主要通过纸张的折叠而成，也可根据需要，添加少量的色彩和裁剪。纸张形状以正方形、长方形为主。不同质地、性能的纸张通过折、叠、剪、切、提、拉、翻、转等手法，可以表现出内容丰富、造型各异的艺术形象，在体现审美价值和实用价值的同时，还集操作性和娱乐性于一身。折纸类玩教具就是利用折纸造型进行玩教具的制作。因此，此类玩教具色彩鲜艳，造型可爱，易被幼儿接受，可以在艺术、语言、健康、科学等领域使用，也可以作为区角玩具和装饰物来使用。

（一）折纸符号

折纸符号如表 2-1-1 所示。

表 2-1-1　折纸符号

序　号	符　号	备　注
1	------⌒	谷线（两边朝内折）
2	—·—·—·⌒	峰线（两边朝外折）
3	———✂	剪切线
4	⇌	折叠后打开，留出折痕
5	⟵	多次折叠
6	↻	翻面
7	⇨	由尾部向箭头方向内推
8	⇨	由尾部向箭头方向外拉

（二）基本折法

1. 基本形状的折法

(1) 峰线（图 2-1-1）。

(2) 谷线（图 2-1-2）。

图 2-1-1　峰线

图 2-1-2　谷线

2. 复合形状的折法

(1) 双正方形折法（图 2-1-3）。

图 2-1-3　双正方形折法

(2) 双三角形折法 (图 2-1-4)。

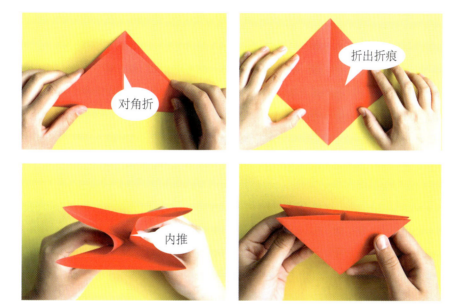

图 2-1-4　双三角形折法

(3) 集中折叠 (图 2-1-5)。

图 2-1-5　集中折叠

对准中心点

续图 2-1-5

(三) 参考应用——小猫钓鱼

折纸的色彩鲜艳明快，造型变化丰富，很容易被幼儿接受和喜爱，在幼儿园的应用非常广泛。很多折纸造型本身就好玩、有趣，可以直接作为幼儿的玩具来使用。因此，折纸类玩教具极具可玩性、趣味性和操作性。我们还可以在设计、制作折纸类玩教具的过程中，加强其拆、拼功能，并和游戏活动结合起来，更好地发挥它们的作用。

1. 设计思路

折出各种小鱼和鱼竿的造型作为玩具来使用。利用折纸玩教具的可操作性，让幼儿通过"小猫钓鱼"的游戏，使手中折纸鱼竿的磁铁与折纸小鱼嘴部的回形针相吸，提高他们手部动作的准确性，促进他们手部小肌肉群的发育，培养他们眼、脑、手的协调能力。（图 2-1-6）

图 2-1-6 "小猫钓鱼"玩教具

2. 制作方法与过程

材料准备：多色手工纸、多色卡纸、彩色复印纸、回形针、磁铁、线绳、水笔、剪刀、双面胶。

制作方法与过程如图 2-1-7 所示。

步骤：①按步骤用各色手工纸折出多种小鱼的造型，并用水笔添加眼睛等细节；②在每条小鱼嘴巴的部位别上回形针；③把彩色复印纸卷成较长的纸卷形状，用双面胶粘住接口处；把线绳一端与小磁铁固定，另一端系在纸卷的一头，做成鱼竿的形状；④把蓝色卡纸剪成小河的造型，并用绿色、黄色等卡纸剪成水草，用橙色、黄色等卡纸剪成泡泡等形状进行装饰。

图 2-1-7 制作方法与过程

续图 2-1-7

续图 2-1-7

3. 拓展延伸

参见图 2-1-8。

图 2-1-8　折纸类玩教具

二、纸花类玩教具

纸花是以纸张为主要材料，根据真花的结构和特征制作而成的一种人造假花。纸花以其艳丽的色彩、逼真的造型、简便的制作方法、经济的材质深受人们的喜爱。纸花艺术集审美性和实用性于一身，也是我们在制作学前儿童纸质材料玩教具时可以借鉴的一种艺术表现形式。纸花类玩教具以各种纸花造型作为玩教具设计和制作的造型基础，制作材料一般以软、硬皱纹纸等为主，具有造型丰富、色彩鲜艳的特点。

（一）基本造型方法

1. 整纸折叠做花法——牡丹的制作

材料准备：软皱纹纸、粗铁丝和细铁丝、绿胶带、剪刀。

牡丹的制作过程如图 2-1-9 所示。

图 2-1-9　牡丹的制作

续图 2-1-9

步骤：①把橘色和黄色皱纹纸剪成较长的长方形；②把黄色皱纹纸折叠后沿一边剪成碎条状；③把两色皱纹纸叠放在一起进行多次的正反扇形折叠；④把折好的皱纹纸在中间位置用细铁丝扎紧；⑤把皱纹纸的两端剪成半圆形；⑥把皱纹纸两端展开，把皱纹纸一层层向中心拉起，整理花形；⑦把细铁丝缠绕在做花茎的粗铁丝一端；⑧用绿胶带从花的底部把粗、细两根铁丝缠好，一朵美丽的牡丹花做好了。

2. 单瓣剪贴做花法——百合花的制作

材料准备：硬皱纹纸、橘色软皱纹纸、粗铁丝和细铁丝、绿胶带、双面胶、剪刀。

百合花的制作过程如图 2-1-10 所示。

步骤：①把软皱纹纸裁成小纸条缠绕在细铁丝的一端，并用乳胶粘牢，作为花蕊；②把六个花蕊用绿胶带缠绕在做花茎的粗铁丝上；③整理花蕊的形状；④用深浅两种硬皱纹纸剪出六片小花瓣和六片大花瓣，形状类似梭形；⑤把小花瓣粘上双面胶夹着细铁丝粘在大花瓣上；⑥将三片花瓣围着花蕊缠绕在做花茎的粗铁丝上；⑦将其余三片花瓣错开，同样缠绕在做花茎的粗铁丝上；⑧将花瓣底部缠上纸巾并用绿胶带缠好；⑨剪出叶子的形状，类似梭形；⑩把两片叶片夹着细铁丝用双面胶粘好；⑪将叶片用绿胶带缠绕在做花茎的粗铁丝上，整理花形，即为一朵百合花。

图 2-1-10 百合花的制作

3. 分层剪贴做花法——万寿菊的制作

材料准备：硬皱纹纸、粗铁丝和细铁丝、绿胶带、双面胶、剪刀。

万寿菊的制作过程如图 2-1-11 所示。

图 2-1-11 万寿菊的制作

续图 2-1-11

步骤：①把黄色皱纹纸剪成多个圆形；②把圆对折三次，在折痕处剪开 1/2，把对折的圆形边缘剪成半圆形；③把剪好的圆形依次穿入粗铁丝并涂上乳胶；④捏紧花瓣底部以调整花形，并在花瓣底部缠上纸巾；⑤把绿色皱纹纸剪成锯齿状做花萼；⑥把花萼用双面胶缠绕，然后粘贴在纸巾上；⑦剪出叶子的形状，类似梭形；⑧把两片叶片夹着细铁丝用双面胶粘好；⑨将各个叶片的细铁丝缠绕在一起，并用绿胶带缠好；⑩把叶片用绿胶带缠在做花茎的粗铁丝上，整理花形，即为一朵万寿菊。

4. 整体缠绕做花法——非洲菊的制作

材料准备：硬皱纹纸、粗铁丝和细铁丝、绿胶带、双面胶、剪刀。

非洲菊的制作过程如图 2-1-12 所示。

图 2-1-12 非洲菊的制作

续图 2-1-12

步骤：①把长方形的黄色硬皱纹纸对折成双层，一边剪成碎条状；②把纸条卷在粗铁丝上用乳胶粘好做花蕊；③用褐色硬皱纹纸剪出两个圆形，把边缘剪成碎条状；④把带有花蕊的铁丝穿入带孔的圆形皱纹纸中，用乳胶粘好做成花蕊；⑤把淡紫色硬皱纹纸进行多次折叠，叠成细条状；⑥剪成图2-1-12所示的形状；⑦将花瓣底部粘上双面胶，然后缠绕在花蕊上；⑧整理好花瓣间的距离；⑨把绿色皱纹纸剪成锯齿状做花萼；⑩把花萼用双面胶粘贴在花瓣底部；⑪用绿胶带把花萼底部缠好，整理花形，即为一朵非洲菊。

(二) 参考应用

纸花的色彩鲜艳丰富，造型美丽多变，很容易得到幼儿的喜爱。但纸花作为玩教具来使用一般呈现静态，可操作性不是太强，所以在设计、制作时要充分考虑这一不足，可以设计、制作成可拆解、拼插的形式，并和游戏活动结合起来，在游戏活动中增强其可玩性和趣味性。此类玩教具适用于艺术、语言、健康、社会等多个活动领域。(图 2-1-13)

图 2-1-13　纸花类玩教具

三、染纸类玩教具

染纸是在我国流传久远的传统民间手工技艺之一，它是将吸水性较强的纸张进行折叠、扎夹、浸染、点晕等处理，从而在纸上形成色彩绚丽、变化万千的图形纹样。染纸的材料方便易得，制作过程充满操作性和趣味性，而制品优美且富有韵味，可以给人强烈的视觉美感，因此深受人们的喜爱。我们可以把染纸活动和剪纸活动结合在一起，运用到幼儿园玩教具的设计和制作中，使染纸类玩教具无论是造型上还是色彩上都更加丰富多样，弥补此类玩教具在操作性上的不足。

(一) 风筝节

1. 设计思路

把自制纸风筝作为玩具来使用，让幼儿在室外玩耍自制的染纸小风筝，感受放风筝的乐趣，了解我国制作、放飞风筝的传统，锻炼身体的运动协调能力。(图 2-1-14)

图 2-1-14　风筝节

2. 制作方法与过程

材料准备：白色生宣纸、竹签、风筝线、线绳、水彩颜料、毛笔、调色盘、胶水、剪刀。

制作方法与过程如图 2-1-15 所示。

图 2-1-15　制作方法与过程

步骤：①把竹签剪成等长的五份；②用竹签、线绳捆扎制作风筝的骨架；③比照骨架的大小，在生宣纸上划出轮廓，空出一定的距离；④剪出风筝的轮廓；⑤用胶水把生宣纸粘贴在风筝骨架上；⑥用点染的方法对风筝进行染色处理；⑦把风筝晾干后绑上风筝线；⑧一个可爱的风筝完成了。

3. 拓展延伸

参见图 2-1-16。

图 2-1-16　染纸类玩教具

（二）参考应用

作为一种制作过程操作性极强的艺术表现方法，染纸具有色彩、造型变化丰富的优势，但其制品受纸张质地的影响，容易受损，不便保存，这就直接影响到利用染纸造型制成的玩教具的操作性与多样性。因此，我们可以把染纸活动和剪纸、撕纸活动结合起来，利用染纸过程的操作性和趣味性，多开展艺术领域的学习,增加幼儿的色彩知识,提高他们的审美能力,锻炼他们的动手操作能力,促进他们手部肌肉的发育。染纸造型除了直接制成玩教具外,还可以利用染纸方法进行其他纸质材料玩教具纸材的处理,以美化其造型。

四、纸浆造型类玩教具

纸浆造型是把纸张制浆后添加乳胶、石膏粉等以增加黏稠度和可塑性,再进行平面或立体造型表现的一种艺术表现形式。纸浆造型在制作方法上有先彩后型、先型后彩两种形式,在造型表现上有平面造型和立体造型两种形式。纸浆造型的形象可爱、色彩艳丽,具有极强的纹理质感,制作过程充满操作性和趣味性,很容易吸引幼儿的注意。我们可以利用这些优势把纸浆造型运用到幼儿园的玩教具制作中。纸浆造型制品本身的操作性并不太强,但这并不影响纸浆造型类玩教具在艺术、健康、科学、社会、语言等领域中的使用。

(一)基本造型方法

1. 纸浆的制作

纸浆的制作过程如图 2-1-17 所示。

(1) 泡浆。将纸尽量撕碎放入清水盆中进行浸泡。

(2) 滤水。等纸泡湿泡碎后,挤掉其中的水分。

(3) 制浆。把滤过水的纸撕扯开并放入盆中,拌入乳胶和石膏粉等搅匀。

(4) 可以进行造型表现的原色纸浆制成。

图 2-1-17 纸浆的制作

2. 纸浆造型的制作方法

材料准备:原色纸浆、水粉颜料、毛笔、底板、铅笔、勾线笔、小木棒、牙签。

纸浆造型的制作方法如图 2-1-18 所示。

图 2-1-18 纸浆造型的制作方法

步骤：①在原色纸浆中加入水粉颜料并搅拌均匀；②把设计好的图稿用铅笔轻轻画在合适的底板上；③用深色勾线笔对图稿进行勾画；④在图稿对应的位置铺上纸浆，用小木棒或牙签等捣匀，使纸浆牢固地粘贴在底板上，注意保留勾线；⑤铺完所有部分，把纸浆晾干即可。

（二）参考应用

纸浆造型作为一种艺术表现形式，其作品本身是静态的，但制作过程充满动手性和趣味性。我们在利用纸浆造型的方法制作幼儿园玩教具时，可以把它的这种特点利用起来，让幼儿参与到玩教具的制作过程中，体会制作过程的乐趣。通过艺术领域的学习、制作，实现纸浆造型多领域的应用。（图 2-1-19）

图 2-1-19 纸浆造型类玩教具

续图 2-1-19

第二节　硬纸类玩教具

硬纸主要包括色卡纸、瓦楞纸、铜版纸、纸箱纸等，其纸张通性是纸质较厚、较硬。但具体到不同的纸张又有不同的性能，而纸质又直接影响到造型的表现。因此，我们要充分了解不同纸张的性能特点，并进行合理的应用，才可以制作出能充分体现纸质优势的纸质材料作品。不同的纸张通过不同的制作方法，可以制作出不同的玩教具。本节根据制作技法的不同介绍多种硬纸类玩教具的制作方法和造型技巧。

一、卡纸浮雕类玩教具

卡纸浮雕就是按照主题构思和构图要求，剪切、制作出具体形象后再进行拼贴黏合，从而完成半立体造型的一种造型艺术。其造型简洁，色彩鲜艳亮丽，在幼儿园的教育教学工作中使用非常广泛。卡纸浮雕类玩教具就是利用卡纸浮雕的方法制作的各种适合在幼儿园使用的玩教具，它应用在艺术、科学、社会、健康、语言及各区角等很多领域。

（一）基本技法

(1) 剪切。若该部位需要完全切开，可以用剪刀剪开或用美工刀刻透（图 2-2-1）。

图 2-2-1　剪切

(2) 折叠。因卡纸较厚较硬，不易折叠，可先用刀背或针尖在要折叠的部位轻轻划过后再进行折叠。如需向上折叠，可在纸张正面划过，形如谷线折叠；如需向下折叠，可在纸张反面划过，形如峰线折叠。(图 2-2-2)

图 2-2-2　折叠

(3) 圆形折叠。若造型为凹凸变化的圆形，可利用半切的方法进行正切和反切，再沿圆形的半径剪开一处，之后再根据折痕进行折叠(图 2-2-3)。

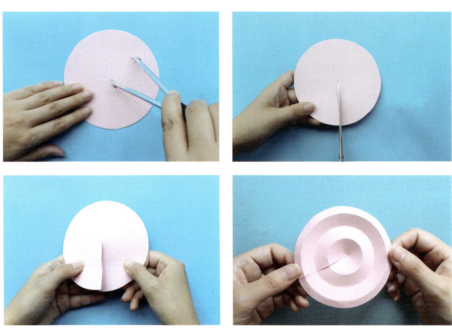

图 2-2-3　圆形折叠

(4) 弯卷。若造型需呈现不同的弧度，可利用圆滚棒进行卷曲，或用指甲直接在纸面上来回摩擦(图 2-2-4)。

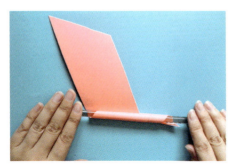

图 2-2-4　弯卷

续图 2-2-4

(5) 压痕。若造型需有凹凸变化的效果，可将纸张放在手心，用压痕笔在纸张边缘来回按压，使纸张边缘形成所需的弧度（图 2-2-5）。

图 2-2-5　压痕

（二）参考应用——乌鸦与狐狸

卡纸浮雕在幼儿园的使用十分广泛，无论是作为单纯的手工活动在艺术领域使用，还是制成玩教具在课堂教学中使用，抑或是作为造型表现在幼儿园环境布置中使用，卡纸浮雕都能发挥良好的作用。因卡纸浮雕造型的优势明显，故卡纸浮雕类玩教具可以以多种形式应用于幼儿园的各活动领域。

1. 设计思路

利用卡纸把主体形象做成棒偶，并运用卡纸浮雕造型的方法把背景用桌面情境教具的形式表现出来，使语言教学更加直观、形象，并充满趣味性和操作性，从而提高幼儿的学习兴趣。（图 2-2-6）

图 2-2-6　乌鸦与狐狸

2. 制作方法与过程

材料准备：各色卡纸、彩色打印纸、乳胶、双面胶、立体胶、铅笔、水笔、剪刀、压痕笔、美工刀、圆规刀。

制作方法与过程如图 2-2-7 所示。

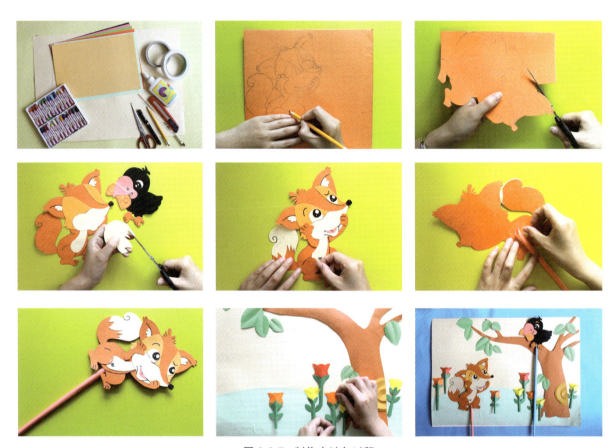

图 2-2-7　制作方法与过程

步骤：①设计故事主体形象的造型和场景草图；②用卡纸剪出乌鸦和狐狸的造型；③把乌鸦和狐狸造型的各组成部分用卡纸浮雕造型的方法组合在一起；④用水笔进行细节特征的描绘；⑤用彩色打印纸卷成纸卷形状并用双面胶粘牢，粘贴在乌鸦和狐狸造型的反面；⑥把乌鸦和狐狸的卡纸造型做成棒偶；⑦根据设计对场景造型进行剪切、浮雕制作、粘贴等处理，并粘贴、固定在合适的底板上；⑧"乌鸦与狐狸"的棒偶道具与浮雕背景完成。

3. 拓展延伸

参见图 2-2-8。

(三) 参考应用二——神奇的小蜻蜓

1. 设计思路

用卡纸制作的蜻蜓造型，可以演示科学知识。利用卡纸蜻蜓能靠"嘴部"立在小小的枝叶之上这一神奇现象，激发幼儿的好奇心，让他们了解物体重心与支点垂直的关系，物体就能立在支点上这一科学知识。(图 2-2-9)

图 2-2-8　卡纸浮雕类玩教具 1

图 2-2-9　神奇的小蜻蜓

2. 制作方法与过程

材料准备：色卡纸、剪刀、固体胶、彩笔、回形针。

制作方法与过程如图 2-2-10 所示。

图 2-2-10　制作方法与过程

步骤：①在卡纸上画出蜻蜓身体和翅膀的形状；②剪出蜻蜓身体和翅膀的形状；③用彩笔涂色和添加细节；④用固体胶把蜻蜓的身体和翅膀粘贴在一起；⑤在蜻蜓的前翅上，左右各别一个回形针；⑥把蜻蜓的翅膀向下、向前弯曲，"嘴"部向下、尾巴向上弯曲，轻轻地放在一个面积很小的物体上。

3. 拓展延伸

参见图 2-2-11。

图 2-2-11　卡纸浮雕类玩教具 2

续图 2-2-11

二、面具、头饰类玩教具

面具与头饰作为一种文化艺术载体，有着悠久的历史。其造型生动、色彩艳丽，是幼儿在日常生活中十分喜爱的玩具，也是幼儿园活动中常用的道具。在角色游戏、活动剧表演、语言活动领域中，面具、头饰可以很好地渲染活动气氛，提高幼儿参与的兴趣，增强他们的角色感。制作面具、头饰可选用的材质非常多，制作形式也很多样，但纸质材料无疑是最经济方便的一种材料。卡纸面具、头饰的制作形式大致有两种：平面式和立体式。我们要根据用途来确定面具、头饰类自制玩教具的设计与制作，并做到简单、易做、经济。

（一）基本造型方法

材料准备：各色卡纸、松紧绳、针线、双面胶、剪刀。

立体式面具造型方法如图 2-2-12 所示。

图 2-2-12 立体式面具造型方法

续图 2-2-12

步骤：①剪出小熊的头部轮廓，两侧留出固定松紧绳的地方；②在小熊头部左右两侧进行剪切；③把切口用乳胶进行粘贴，形成立体造型；④用卡纸剪出小熊造型的各个组成部分，并进行粘贴；⑤在造型眼部的地方进行挖孔处理；⑥将做好的面具造型用松紧绳进行固定；⑦可爱的立体小熊面具完成了。

(二)参考应用

卡纸面具、头饰因其生动的造型、丰富的色彩深受幼儿的喜爱，并因材料经济易得、制作方法简便而成为幼儿园开展活动不可或缺的道具和玩教具。面具、头饰的使用可以帮助活跃气氛、激发兴趣、增强角色感，使幼儿更快地投入活动中，从而提高教学或活动的效率。卡纸面具、头饰适合在角色游戏、活动剧表演、语言、社会、艺术等活动领域中使用。(图 2-2-13)

图 2-2-13　面具、头饰类玩教具

三、纸偶类玩教具

纸偶是指用不同纸质材料通过折叠、黏合、装饰美化等手段制作而成的玩偶造型。其造型生动有趣、色彩鲜艳亮丽，又具有较强的操作性，深受幼儿的喜爱，也是幼儿园开展教学和游戏活动有趣、直观的操作材料。纸偶既是玩具也是教具，按制作方式可分为纸偶摆件、手偶、指偶、棒偶等。制作纸偶能利用的材料很多，如色卡纸、皱纹纸、瓦楞纸等。材质不同、制作方式不同，做成的纸偶也具有不同的特色。

纸偶的造型丰富多彩、生动有趣，所使用的材料经济易得，制作方法又很简便，是幼儿园诸多领域开展活动不可或缺的道具和玩教具。纸偶的运用可以帮助活跃气氛、激发兴趣，给幼儿带来无穷的乐趣。纸偶的灵活性和操作性很强，适合在活动剧表演、语言、艺术、社会、健康等活动领域使用。

（一）基本造型方法

1. 摆件纸偶的造型方法

材料准备：瓦楞纸、色卡纸、乳胶、水笔、剪刀、美工刀。

摆件纸偶的造型方法如图2-2-14所示。

图2-2-14　摆件纸偶的造型方法

步骤：①把瓦楞纸裁成宽度适中的纸条；②把纸条紧紧地卷起来；③把两种不同颜色的瓦楞纸纸条卷在一起，接口处用乳胶粘牢；④用手从纸卷一侧轻推，使纸卷朝另一面鼓出；⑤使用同样的方法做成另一半造型，并用乳胶粘牢；⑥用瓦楞纸卷出耳朵、尾巴、四肢等造型，并用乳胶粘贴在纸偶的身体上；⑦用色卡纸和水笔进行眼睛等细节特征的装饰和刻画；⑧可爱的小羊造型的瓦楞纸摆件纸偶做好了。

2. 活动纸偶的造型方法

材料准备：色卡纸、针线、乳胶、水笔、剪刀。

活动纸偶的造型方法如图 2-2-15 所示。

图 2-2-15　活动纸偶的造型方法

步骤：①用色卡纸剪出活动纸偶的头部轮廓，和身体相接的地方要留出固定的位置；②把纸偶各个组成部分剪好；③根据设计安排，把头部的各组成部分粘贴在一起；④把头部造型粘贴在身体上，下部留出一定的位置不粘贴，用来固定胳膊；⑤用针线把纸偶小羊的胳膊固定在预留位置上，线绳留出一定的长度；⑥在身体部位粘贴一块色卡纸，用来固定小羊的双腿；⑦把纸偶小羊的双腿用针线固定在色卡纸上,并把留出的四条线绳绑在同一根较长的线绳上;⑧在线绳的末端固定一个橡皮泥小球;⑨拉动小球,美羊羊就动了起来。

(二)参考应用——狐假虎威

1. 设计思路

利用指偶玩具表演《狐假虎威》的故事。把故事中的主要角色用指偶的造型表现出来,让幼儿操作指偶进行表演。在进行语言领域活动时,指偶的运用可以激发幼儿的学习兴趣,增强他们的角色感,提高教学效率。(图 2-2-16)

图 2-2-16 狐假虎威

2. 制作方法与过程

材料准备:色卡纸、彩笔、水笔、乳胶、剪刀。

制作方法与过程如图 2-2-17 所示。

步骤:①用色卡纸剪出各指偶头部的造型;②把各个组成部分粘贴在一起,完成指偶的头部造型;③根据手指的粗细,用长方形卡纸卷成一个纸筒;④把指偶头部造型粘贴到纸筒上;⑤用彩笔在色卡纸上画出故事背景;⑥用同样的方法做出其他的指偶。

图 2-2-17 制作方法与过程

续图 2-2-17

3. 拓展延伸

参见图 2-2-18。

图 2-2-18　纸偶类玩教具

课后练习与思考

请制作一个硬纸类玩教具，并设计其操作与应用方案。

第三节　废旧纸质材料玩教具

各种纸质材料在我们的日常生活中随处可见，很多一次性的纸质材料使用后便会被人们丢弃，成为废弃物。其实这些废旧纸质材料无论是形状、色彩、质地，还是其自身的性能及肌理特点，都具有进行艺术造型的利用价值。我们要善于发现，再次利用这些不为人们所注意的废旧纸质材料，变废为宝，制作出既美观又实用的艺术作品。日常生活中常见的废旧纸质材料有纸箱、纸盒、纸盘、纸杯、纸袋、信封、报纸、挂历等。利用废旧纸质材料进行幼儿园玩教具的制作，取材容易、经济简便，还可以达到环保的目的，一举多得。本节根据废旧纸质材料的种类特点介绍废旧纸质材料玩教具的制作方法和造型技巧。

一、纸箱、纸盒类玩教具

我们的日常生活中存在很多废弃的纸箱、纸盒等，它们形状多样、花色繁多，质地一般较厚，较为结实耐用，是可以再次利用的良好纸质材料。我们可以充分利用这种废弃纸质材料进行艺术加工，制作出适合幼儿园使用的玩教具作品。纸箱、纸盒类玩教具就是以各种废弃的纸箱、纸盒、纸筒等为主要原材料，通过剪切、弯卷、折叠、粘贴、添画、组合等方法进行艺术加工而制作出来的玩教具。纸箱、纸盒等是较为常见的废弃材料，因此在制作玩教具时使用较为广泛，它可以在艺术、科学、社会、健康、语言及各区角等很多领域使用。

（一）数字森林

1. 设计思路

以剪切法为主对纸箱进行艺术加工，做成几棵大树，利用小鸟飞来的游戏进行数学计算，提高幼儿识数与计算的能力。"数字森林"既可以作为区角玩具使用，也可以作为科学领域学习的教具来使用。大树和小鸟的造型可以增加活动的趣味性。（图 2-3-1）

图 2-3-1　数字森林

2. 制作方法与过程

材料准备：纸箱、色卡纸、透明胶、双面胶、彩笔、水笔、美工刀、剪刀。

制作方法与过程如图 2-3-2 所示。

图 2-3-2 制作方法与过程

步骤：①把方形纸箱垂直的四条棱各自切开 2/3；②在纸箱外部贴上绿色卡纸；③用美工刀把纸箱裁切成大树的造型；④用彩笔、色卡纸对四棵"大树"进行描绘装饰，并在不同的枝杈上写上不同的数字；⑤用色卡纸做成小鸟的造型，并在正面写上 10 以内的加减法算术题；⑥在小鸟造型的反面粘上线绳；⑦一个数字森林造型完成了。

3. 拓展延伸

参见图 2-3-3。

图 2-3-3 纸箱、纸盒类玩教具

续图 2-3-3

(二)参考应用

纸箱、纸盒的形状各异、花色繁多,而质地又较为厚实,是各类纸质材料中较为结实耐用的一种。因材质本身的优势明显,纸箱、纸盒等在幼儿园玩教具的制作中使用非常广泛,无论是在活动室的各区角,还是在幼儿园五大建构领域,纸箱、纸盒类玩教具都能发挥很大的作用。我们可以用多种制作方法对纸箱、纸盒等进行加工,制作出适合学前儿童使用的玩教具作品。在制作过程中,可以把几种基本造型方法综合起来使用。

二、纸杯、纸盘类玩教具

作为一次性用具,纸杯、纸盘在我们的日常生活中也很常见,它们的形状较为统一,质地较为结实耐用,是可以再次利用的良好纸质材料。纸杯、纸盘类玩教具就是以废旧的纸杯、纸盘等为主要原材料,通过剪切、弯卷、折叠、粘贴、添画等方法进行艺术加工而制作出来的玩教具。纸杯、纸盘在幼儿园制作玩教具时被较为广泛地使用,它可以在艺术、科学、社会、健康、语言及各区角等很多领域使用。

(一)小小钟表学问大

1. 设计思路

把纸盘当作钟表面,加以部分辅助材料,制作出钟表的形状。利用纸盘玩具钟表,进行科学领域的学习,让幼儿拥有时间的概念,学会看表认时间。(图2-3-4)

图2-3-4 小小钟表学问大

2. 制作方法与过程

材料准备:纸盘、色卡纸、彩笔、双面胶、乳胶、固定针、剪刀。

制作方法与过程如图2-3-5所示。

步骤:①把色卡纸粘贴在纸盘上做钟表面;②用彩笔在钟表盘上写出时间数字;③用色卡纸剪出秒针、分针和时针,并用固定针固定在钟表盘上;④用色卡纸剪出花瓣的形状并粘贴在钟表盘上;⑤用色卡纸做出叶子、枝干等部分,一个花盘钟表就完成了。

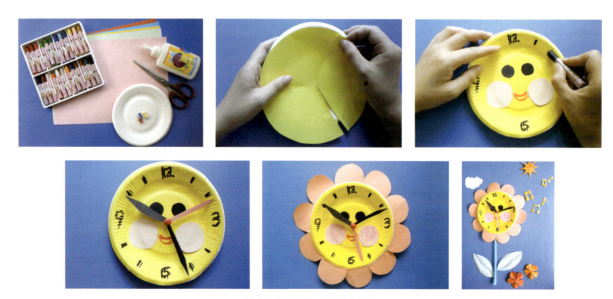

图2-3-5 制作方法与过程

3. 拓展延伸

参见图 2-3-6。

图 2-3-6　纸杯、纸盘类玩教具

(二) 参考应用

纸杯、纸盘受自身形状、大小的影响，无法制作大型的造型，因此利用废旧纸杯、纸盘制作的玩教具，其造型也呈现轻巧精致的特点。因纸杯、纸盘的质地较为厚实，因此结实耐用也是此类玩教具的一个特点。我们可以利用各种制作方法对纸杯、纸盘等进行加工，制作出适合幼儿园使用的玩教具作品。在制作过程中，可以把几种基本造型方法综合起来使用。

三、纸袋类玩教具

我们可以充分利用纸袋的形状和特点进行艺术再加工，创作一些既美观又实用的作品。纸袋包括信封、档案袋、手提袋、筷子纸袋等，大小不一、花色各异、厚薄不同，有较大的创作想象空间，可以为造型创作提供丰富的原材料。在进行纸袋类玩教具制作时，我们可以充分利用其自身的形状、花色、纹理等，运用剪切、弯卷、折叠、粘贴、添画等方法进行合理的加工处理。纸袋类废旧材料的多样性，使纸袋类玩教具的造型也很丰富，在艺术、科学、社会、健康、语言及各区角等很多领域都可以使用。(图 2-3-7)

四、废旧报纸类玩教具

作为一种常见的废旧纸质材料，报纸因其方便易得、纸质软硬厚薄适中而成为我们进行造型创作可以充分利用的材料。我们可以变废为宝，以废旧报纸为原材料进行幼儿园玩教具的制作。

图 2-3-7　纸袋类玩教具

(一) 幸福来敲门

1. 设计思路

报纸是我们日常生活中很容易见到的废旧材料，结合其自身的特点，进行幼儿园玩教具的制作，不仅可以丰富制作范围，还可以很好地节能环保。(图 2-3-8)

图 2-3-8　幸福来敲门

2. 制作方法与过程

材料准备：报纸、白乳胶、水粉笔、颜料、剪刀。

制作方法与过程如图 2-3-9 所示。

步骤：①把报纸撕成小块，用白乳胶粘在吹好的气球表面；②在干透的报纸球上刷上所需的颜色；③剪掉气球的绑结，在所需位置剪出切口。

图 2-3-9　制作方法与过程

3. 拓展延伸

参见图 2-3-10。

图 2-3-10　废旧报纸类玩教具

(二) 参考应用

利用报纸进行造型，取材经济方便，但缺乏色彩感，在造型上会有一定的影响，不易被幼儿喜爱。因此，我们在用报纸制作玩教具时，要在形象塑造和色彩表现两个方面都下功夫，利用水粉等颜料进行染色加工，或用其他纸张作为辅助材料进行造型。

第三章
幼儿园泥材料玩教具设计与制作

学习目标

1. 了解泥材料自制玩教具的工具材料。
2. 掌握泥材料自制玩教具的基本制作方法。
3. 能根据传统泥材料与现代泥材料不同的特点设计制作玩教具。
4. 能根据幼儿特点和教学活动要求制作并运用自制泥材料玩教具。

泥是文化和艺术的载体，自古以来就被用来制作各种玩具。泥材料是无危险、触感好、可塑性强的操作材料，本身就是一种幼儿常用的建构性玩教具。现代科技的发展促进了泥材料的种类繁衍，以其环保的优越性、制作的简易性、展示的艺术性等特点被人们广泛认同，也使泥材料在学前教育玩教具制作中得以运用。本章将介绍如何用传统泥材料、彩泥等泥材料制作多种形式的幼儿园玩教具。

第一节 传统泥材料玩教具

传统泥材料玩教具具有特殊的审美情趣和魅力，它率真、不拘一格的质朴特性与儿童在艺术活动中所表现出来的倾向有相通之处，可以说，传统泥材料玩教具与幼儿美术有内在的共同特性。传统泥材料玩教具对自然的表达和对艺术的追求表现得纯朴而稚嫩，适宜幼儿进行美术学习活动。

一、工具材料

（一）泥土

传统泥塑中所用的泥土虽取自自然，但也需要精心准备，一般选用带些黏性又细腻的土，经过捶打、摔、揉，有时还要在泥土里加些棉絮、纸或蜂蜜。常见的有陶泥、胶泥和油泥。

（二）塑造工具

除通常使用的泥塑刀外，也可以根据需要制作出不同形状的工具，或直接借助实物塑造形状。（图3-1-1）

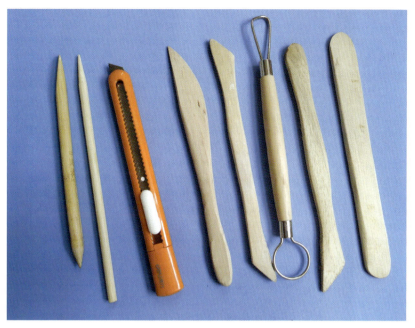

图 3-1-1　塑造工具

（三）水碗

在用泥造型时，泥的湿度十分重要，当作品表面出现裂纹时就要及时加入少量清水，再把泥揉匀，恢复其黏性和湿度。

（四）毛巾

毛巾有两个作用：一是揉制黏土时，经常会有泥浆粘在手上，这时要及时用毛巾把手擦干，使制作过程更加顺利；二是湿毛巾要覆盖在暂时不用的泥土上，以防干硬。

（五）其他工具

各种颜料、笔、笔洗、调色盘、亮光油、清漆等。

二、基本制作方法

传统泥材料玩教具是形体与色彩的交融结合，在制作方法上参照中国传统泥塑。

（一）基本成型技法

基本成型技法主要分为手捏成型法、泥条盘筑成型法和泥板成型法。传统泥塑或民间泥塑制作中也常采用模具成型的方法。

1. 手捏成型法

手捏成型法即手工直接捏制成型。在泥塑的成型技法中，手捏成型是最基本的制作方法。需要注意的是，手的温度会使泥土的水分蒸发，减少其可塑性，所以一件作品的制作时间不能太长，要保持泥土最初的新鲜感，制作时间短的作品其效果往往看起来更生动。（图 3-1-2）

图 3-1-2　手捏成型作品

2. 泥条盘筑成型法

这种把泥料搓成长条后,再圈积盘筑的成型方法是最为古老的制陶方法,是泥塑成型技法之中最为方便、造型表现力最强的技法之一。泥条盘筑时,作品底部的泥条可稍干些或稍粗些,便于快速成型后作品的稳固。(图 3-1-3)

图 3-1-3　泥条盘筑成型作品

3. 泥板成型法

先根据需要进行泥板的制作，常将陶泥碾、拍或切割成板状作为泥板，将制成的泥板围合后用泥浆黏结成器物的成型方法即泥板成型法。形制自由、变化随意的器物适合使用比较湿软的泥板，制作形制规矩、挺拔直立的器物用稍微干硬的泥板黏结即可。（图 3-1-4）

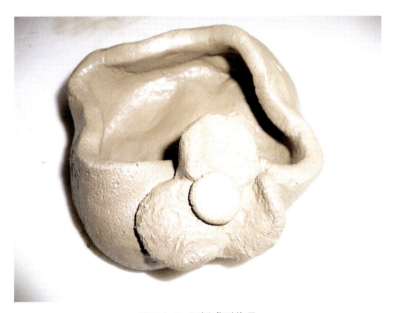

图 3-1-4　泥板成型作品

4. 模具成型法

模具成型作品极具程式化，但相对于其他成型技法简单。由于受模具限制，造型通常简练概括，尽可能避免纤细。代表作品如北京的兔儿爷、山东高密的泥叫虎、无锡惠山泥阿福、陕西凤翔泥塑。（图 3-1-5）

图 3-1-5　模具成型作品

(二)制作手法

泥材料玩教具的基本制作手法有揉、搓、捏、切、接、压、刻、戳和抹。

(1) 揉:将泥放在手心,两手掌心相对旋转,推压泥,使泥块呈圆球体。

(2) 搓:掌心相对,将泥放在两手掌间前后滚动或将泥放在桌面上滚动,使泥成为圆柱体。

(3) 捏:用拇指和食指挤压成所需要的形状。

(4) 切:用泥塑刀将泥切开,也可直接切出形象。

(5) 接:将两部分泥连接到一起,对作品进行整体组合。

(6) 压:用手或工具将泥压扁或压出凹凸。

(7) 刻:使用工具在泥形上画出各种线纹,或剔减多余的部分。

(8) 戳:用工具在泥形上刺出各种花纹,生动地表现作品的效果。

(9) 抹:用手指或工具将泥面抹平,有时可以蘸水增加泥表面的光滑度。

(三)基本形体和塑造法则

正如绘画要掌握长方形、正方形、圆形等基本形一样,泥材料的运用也要从圆球、锥体、正方体、柱体等基本形体入手,逐步深入塑造。泥材料玩教具形体的塑造一般是趁泥湿软时进行的,塑造的基本法则有加法和减法两种。

(1) 加法法则:从小到大、从无到有的累积成型,即一块一块添加材料,组成形象。

(2) 减法法则:当材料的添加不符合要求或制作细部时,需要去掉多余的部分,这时就需要对形体做雕、刻或切的减法。传统泥材料作品也可以在干后运用减法法则做细小的刻画。

(四)基本表现形式

泥材料玩教具的基本表现形式有平面形式、浮雕形式和立体形式。

(五)作品的着色

着色一般用水粉颜料,因为水粉颜料掩盖力强,色彩鲜明,装饰味浓。在施色时,可以根据一般的欣赏习惯来彩绘,作品正面的色彩往往绘得精到细致,作品的背面则可相对粗犷简略些。同时,一般把色彩的重点放在作品的上半部,而下半部则相对简洁粗犷。如人物形象的重点在头部和前胸,动物形象的重点在头部和正面,从而形成"重前略后,重上简下"的艺术特色。

(六)作品的上光

彩绘的颜色干了之后,就要给作品涂上一层光亮剂,也就是上光。

三、参考应用

(一)平面形式之小熊穿衣服

泥的平面造型是在泥板上刻画图形,没有高低的起伏,是泥塑中的一种形式。

1. 设计思路

生活中不仅自己要穿着整齐,不依赖妈妈,还要有一颗帮助他人的心。小朋友都穿着干净的衣服。可是,有一只哭泣的小熊,妈妈不在身边,还没有穿衣服,好可怜啊!孩子们,赶快帮它穿上衣服吧!

怎样搭配呢？（图 3-1-6）

图 3-1-6　小熊穿衣服

2. 制作方法与过程

材料准备：陶泥、泥塑刀、长方形盒子、直尺、动物头模具、小刀、颜料、笔、清漆。
制作方法与过程如图 3-1-7 所示。

图 3-1-7　制作方法与过程

续图 3-1-7

步骤：①取一块陶泥，摔打、揉匀，做成长方形泥板，厚度 5 毫米左右；②用模具在泥板上压出头印，画出衣服轮廓，用泥塑刀刻除轮廓线外多余的泥，用同样的方法多做几个（以下称"小熊套装"），阴干，备用；③取一大块陶泥，加水、摔打、揉匀，在长方形盒子内靠一侧做成泥板，厚度大于 1 厘米，用小刀和直尺裁切整齐；④将"小熊套装"中的一套当作模具，在泥板上压出凹印，用工具处理泥板表面纹理；⑤稍后，小心整理凹印，使之略大于"小熊套装"；⑥阴干，打底色；⑦彩绘；⑧上光，作品完成。

3. 拓展延伸

参见图 3-1-8。

图 3-1-8　传统泥材料玩教具（平面形式）1

(二)平面形式之小小表盘

1. 设计思路

生活中需要有时间观念,养成规律的生活习惯,就让我们从认识整点开始吧!(图3-1-9)

图 3-1-9　小小表盘

2. 制作方法与过程

材料准备:陶泥、泥塑刀、颜料、笔、清漆。

制作方法与过程如图 3-1-10 所示。

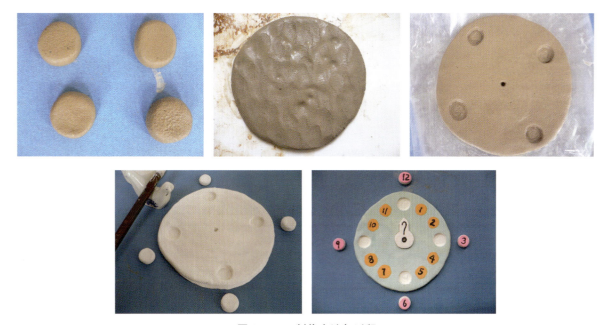

图 3-1-10　制作方法与过程

步骤:①用瓶盖做四个相同大小的泥片,阴干;②取一块陶泥,摔打、揉匀,做成圆形泥板,厚度大于1厘米;③用瓶盖在泥板的上、下、左、右四个相对应位置压出圆印,阴干;④打底色;⑤彩绘12个数字,上光,作品完成。

3. 拓展延伸

参见图3-1-11。

图3-1-11　传统泥材料玩教具（平面形式）2

（三）浮雕形式之可爱的小脚印

浮雕形式的泥材料玩教具只能从正面观看，其观赏性有一定的限制。

1. 设计思路

这款教具的设计思路来源于"帮助小动物回家"的科学活动。随着幼儿身心的发展，中班幼儿对周围环境充满着好奇，他们总是不停地看、听、摸、动，他们会积极运用感官去探索，去了解感兴趣的事物。每只动物都有属于自己的脚印，我们可以做刻着可爱小脚印的小印章，代表一种小动物来做游戏。在游戏过程中，通过观察和操作了解不同动物脚印的特点，既培养了幼儿积极探索的兴趣，又发展了幼儿的认知、语言、合作能力。（图3-1-12)

图3-1-12　可爱的小脚印

2. 制作方法与过程

材料准备：陶泥、泥塑刀、颜料、笔、清漆。

制作方法与过程如图 3-1-13 所示。

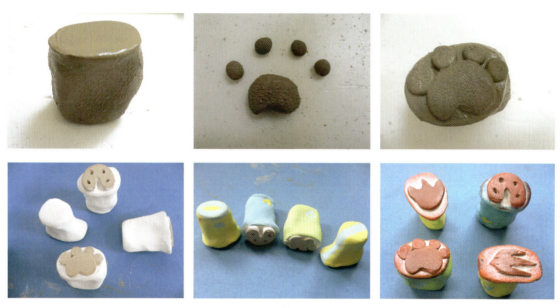

图 3-1-13 制作方法与过程

步骤：①取一块陶泥，摔打、揉匀，做成类似大脚形状，上下两面做成平面；②设计好小动物的脚印图形，取较软的泥，揉圆或搓泥条；③按设计图形，在大脚底面贴出小动物脚印；④阴干后，除底面以外打底色；⑤彩绘，在侧面做出标识图；⑥颜色干后，上光，作品完成。

3. 拓展延伸

参见图 3-1-14。

图 3-1-14 传统泥材料玩教具（浮雕形式）1

(四)浮雕形式之浮雕鱼

1. 设计思路

这款玩教具的设计思路来源于"小猫钓鱼"的游戏。我们可以把浮雕鱼在鱼眼处打孔、穿绳,然后让幼儿进行钓鱼游戏。在游戏过程中,既锻炼了幼儿的手眼协调能力,又发展了幼儿的审美、合作能力。(图 3-1-15)

图 3-1-15 浮雕鱼

2. 制作方法与过程

材料准备:陶泥、泥塑刀、颜料、笔、清漆、牙签、线。

制作方法与过程如图 3-1-16 所示。

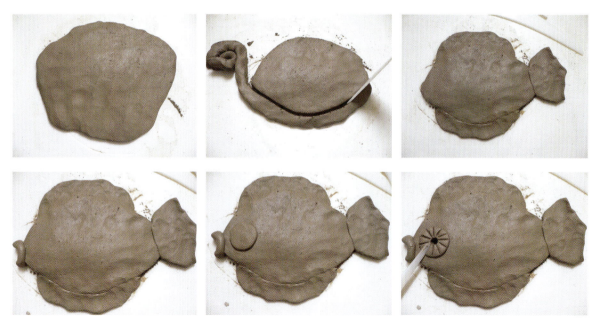

图 3-1-16 制作方法与过程

续图 3-1-16

步骤：①将一块泥揉匀后压成饼状；②用泥塑刀将其做成梭形，当作鱼身；③取适当的泥做扇形鱼尾和鱼鳍，将其与鱼身连接好；④用泥条做鱼嘴；⑤捏圆片做鱼眼，黏结；⑥用牙签在鱼眼处穿孔，并刻出发散的花纹；⑦手指蘸水抹光表面，用工具压、刻鱼尾、鱼鳍和鱼身上的花纹；⑧阴干，打底色，彩绘；⑨上光，穿线，作品完成。

3. 拓展延伸

参见图 3-1-17。

图 3-1-17　传统泥材料玩教具（浮雕形式）2

(五) 立体形式之旋转的陀螺

立体形式的玩教具的观赏性更强，可以从上、下、左、右、前、后各角度观看。它的制作方法也是多样的，有整体成型的，有整体组合成型的，有泥条成型的，也有泥板成型的，我们可以根据不同的幼儿教学活动需要，灵活运用。

1. 设计思路

对外界事物充满好奇心和强烈的探究欲望是幼儿的天性，他们活泼、好动、好问，富有幻想。学前教育阶段是培养孩子的创造性思维的良好时期，因此，我们设计了"旋转的陀螺"，让幼儿探索旋转与人们日常生活的关系，并了解简单的科学现象。(图 3-1-18)

2. 制作方法与过程

材料准备：陶泥、颜料、笔、清漆。

制作方法与过程如图 3-1-19 所示。

步骤：①将小块泥揉成圆球状；②两手掌相对，轻压成扁圆状，转动圆形泥片，把边缘慢慢捏薄，手指蘸水，把表面抹光；③阴干，打底色，一面用白色；④另一面用黑色；⑤白色的一面彩绘图案，上光；⑥黑色的一面彩绘图案，上光，作品完成。

图 3-1-18　旋转的陀螺

图 3-1-19　制作方法与过程

续图 3-1-19

3. 拓展延伸

参见图 3-1-20。

图 3-1-20　传统泥材料玩教具（立体形式）1

（六）立体形式之幸福鸡宝宝

1. 设计思路

孩子们对幼儿园饲养角里的小动物特别感兴趣，自由活动时，总能看见一群孩子围在那里有说有笑，有的孩子还猜测着小动物的动作和想法。"鸡蛋变娃娃"是幼儿的故事欣赏课，孩子们对可爱的小鸡是从蛋里孵出来的感到好奇，对小鸡跟随鸡妈妈学本领的事情感兴趣。这款玩教具"幸福鸡宝宝"，适用于语言、艺术、社会等活动领域。（图 3-1-21）

图 3-1-21　幸福鸡宝宝

2. 制作方法与过程

材料准备：陶泥、泥塑刀、毛笔、水粉颜料、清漆。

制作方法与过程如图 3-1-22 所示。

步骤：①用大块陶泥揉出小鸡圆圆的身体；②将两个球形轻压成圆片做脚掌，锥形做嘴；③手指蘸水，将小鸡的脚掌和嘴与小鸡的身体黏结；④将两片椭圆形翅膀粘贴在身体两侧，小鸡冠贴在头顶；⑤泥塑刀刻画翅膀上的花纹和脚趾缝隙；⑥阴干，打底色；⑦彩绘，黄色涂翅膀与身体，红色涂鸡冠，橙色涂嘴，赭石色涂脚。⑧喷漆，作品完成。

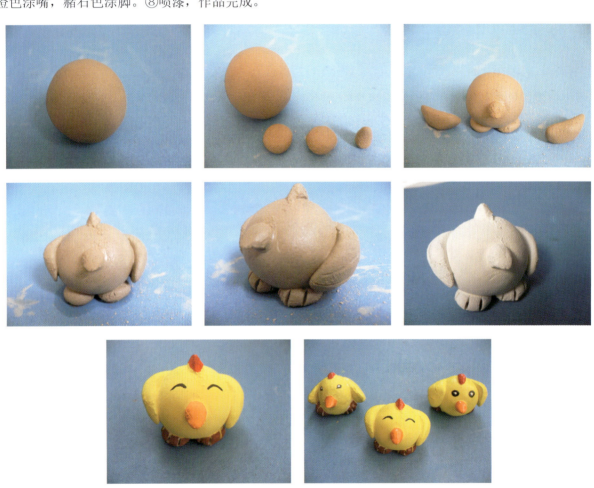

图 3-1-22　制作方法与过程

3. 拓展延伸

参见图 3-1-23。

图 3-1-23　传统泥材料玩教具（立体形式）2

课后练习与思考

1. 谈一谈幼儿泥材料玩教具与幼儿美术教育发展的关系。
2. 根据某项学前教育活动制作一个陶泥玩教具，并设计其操作与应用方案。

第二节　彩泥玩教具

彩泥是幼儿园手工教育中常用的材料，彩泥玩教具的制作和使用有益于开发幼儿的大脑，在制作过程中，既锻炼了幼儿的小手，又有机会接触各种各样的颜色，为他们的想象力和创造力插上了无形的翅膀，丰富了他们的审美体验。而且，彩泥玩教具的制作不受季节和场所的限制，无论春夏秋冬，在需要时就可以信手拈来。完成后的彩泥玩教具还可清洗，干净环保，不会影响幼儿的健康。

一、工具材料

(一) 彩泥

常用的彩泥有三种：橡皮泥、彩色黏土、软陶。

(二) 塑造工具

除通常使用的泥塑刀外，也可以借助儿童彩泥工具（图3-2-1），如牙签、铅笔头、小发卡、梳子等都可以辅助做出各种形状、大小不同的点，吸管、瓶盖等也可以辅助做出规则的形状和纹理；塑料工具易粘泥，导致泥块表面不光滑，那么细长的玻璃瓶是很好的辅助工具。填充物的作用主要是可以节省用泥，它是需要包裹在内部的材料，如乒乓球、塑料泡沫、自制纸团等。

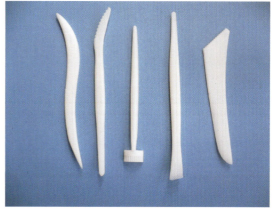

图 3-2-1　儿童彩泥工具

(三) 干净湿毛巾和保鲜膜

湿毛巾要覆盖在暂时不用的泥土上，以防干硬，降低了黏性。还未完成的作品也可以用保鲜膜包好，以保湿和防灰尘。

(四) 笔

给作品细部刻画会用到笔，在彩泥上画花纹可以选用水彩笔、记号笔和中性笔。

二、基本制作方法

彩泥玩教具的基本制作方法和传统泥材料玩教具的是一致的，但它也有自己独特的性质和表现方法。

(一) 彩泥拼贴

彩泥拼贴是利用彩泥制作浮雕的装饰艺术，根据设计的图案，用彩泥做成泥条或各种形状的泥饼，再拼贴成型。材料用法的新鲜感和橡皮泥凸起的立体感会使幼儿对玩教具使用和制作的兴趣大大提高。

彩泥拼贴需要借助一定的伏贴材料，如在纸板或纸杯、纸盘、塑料瓶、废旧的玩具等外面包裹泥片或围筑泥条，使其巧妙成型。

(二) 彩泥雕塑

运用传统泥塑的方法塑造自己理想的立体形象，制作时除了注意颜色的搭配要和谐外，还要考虑使用材料的特征。彩泥雕塑常常采用分体组合造型的方法制作，如做动物形象时，先将身体各部分分别捏制，然后再将各部分形体黏合或穿插起来。所以，基本形的塑造是做好彩泥雕塑的关键。

三、参考应用

(一) 平面形式之水果拼盘秀

1. 设计思路

利用不同形状、颜色水果的切片或切段可以拼出各种美丽的图案。水果拼盘的图案可以给大家带来美的感受，引发联想。锻炼幼儿小手肌肉的同时，引导幼儿用有规律的排列方法有创意地制作拼盘，并自信地展示。(图 3-2-2)

图 3-2-2 水果拼盘秀

2. 制作方法与过程

材料准备：彩陶泥、圆柱形玻璃瓶、小刀、保鲜膜、吹风机、纸盘。

制作方法与过程如图 3-2-3 所示。

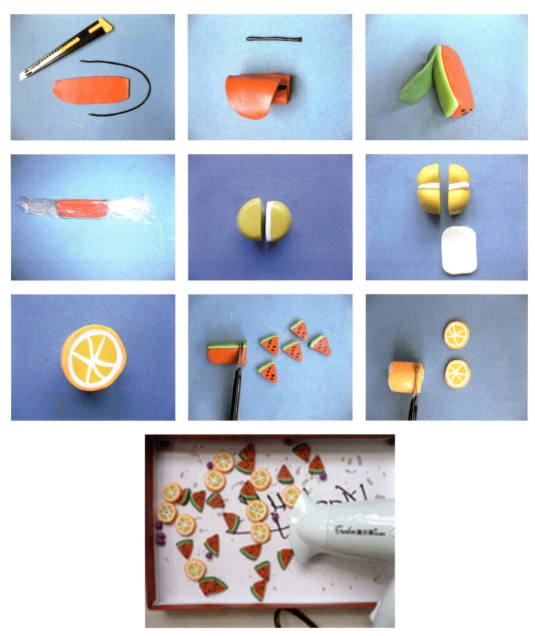

图 3-2-3 制作方法与过程

步骤：①将一块红色彩陶泥揉匀，做成长方形泥板，取一块黑色彩陶泥搓成细长条；②将红色泥板翻折多层，每折一层，其中夹入一段黑色泥条，压实制成"西瓜瓤"；③将一块浅绿色彩陶泥揉匀，做成长方形泥板，贴于"西瓜瓤"底部，将一块深绿色彩陶泥揉匀，做成长方形泥板，紧贴浅绿色泥板，压实，修整外形成三角形；④将一块保鲜膜将制好的作品包好，放入冷藏室；⑤将一块黄色彩陶泥揉匀，做成圆柱形，一块白色彩陶泥揉匀，做成和圆柱同宽的长方形泥板，沿底面对称轴把圆柱分成两半，中间夹入白色长方形，压实，修整成圆柱形；⑥再分别以两条交叉线做圆柱的切分线，夹入同宽的白色泥板；⑦在圆柱形外卷上一层白色彩陶和一层橙黄色彩陶，包裹保鲜膜，放入冷藏室；⑧

从冷藏室取出"西瓜"切片；⑨从冷藏室取出"橙子"切片；⑩用吹风机烘干6分钟，装盘，作品完成。

3. 拓展延伸

参见图3-2-4。

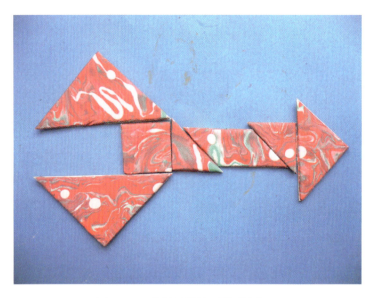

图3-2-4 彩泥玩教具（平面形式）1

（二）平面形式之小蝌蚪游呀游

1. 设计思路

春天来了，池塘里的冰融化了。青蛙妈妈睡了一个冬天，也醒来了。她在水草上产下了很多黑黑的、圆圆的卵。春风吹着，太阳照着，池塘里的水越来越暖和了。青蛙妈妈产下的卵慢慢地活动起来，变成一群大脑袋长尾巴的蝌蚪。它们在水里游来游去，积极准备着春运会，非常快乐。

运用磁铁的吸引力，增强平面玩具的趣味性。这款玩教具可应用于幼儿园社会、语言、科学领域活动。（图3-2-5）

图3-2-5 小蝌蚪游呀游

2. 制作方法与过程

材料准备：彩色黏土、回形针、水彩笔、绘制有环形跑道的纸板。

制作方法与过程如图 3-2-6 所示。

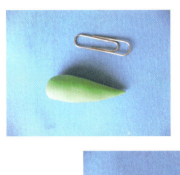

图 3-2-6　制作方法与过程

步骤：①将小块黏土做成水滴状；②两手掌相对，压扁；③包住回形针，整理形状；④做球形眼睛；⑤晾干，用水彩笔绘上花纹。

3. 拓展延伸

参见图 3-2-7。

图 3-2-7　彩泥玩教具（平面形式）2

(三)浮雕形式之水中生活

浮雕形式的彩泥玩教具多以拼贴的方法制作,其观赏性有一定的限制,但都会借助于其他材料,所以呈现的形式也是丰富多彩的。

1. 设计思路

水中的世界,对于孩子们来说往往有些神秘。随着幼儿身心的发展,幼儿对水底的世界充满着好奇,他们总是心系动画中的海底世界,或是梦想着养一只小海龟,他们会积极地了解感兴趣的事物。这款玩教具让孩子理解每一种生物都有自己的特点。在游戏过程中,通过观察和操作,了解水生动物的特点,既培养了幼儿积极探索的兴趣,又发展了幼儿的认知、语言、合作能力。(图3-2-8)

图 3-2-8　水中生活

2. 制作方法与过程

材料准备:彩色黏土、活动眼、手工白乳胶。

制作方法与过程如图 3-2-9 所示。

图 3-2-9　制作方法与过程

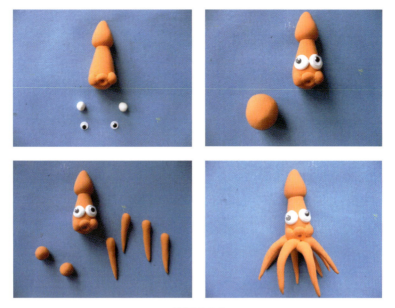

续图 3-2-9

步骤：①将一些橙色黏土做成一大、一小水滴形，轻压；②两个形状上下黏结；③三个球形如图 3-2-9 所示粘贴出章鱼的嘴和脸颊，在嘴的位置用工具扎孔；④涂手工白乳胶，贴眼睛；⑤做八个长水滴形；⑥将长水滴形贴于章鱼的头下部，先贴紧贴纸面的部分，作品完成。

3. 拓展延伸

参见图 3-2-10。

图 3-2-10　彩泥玩教具（浮雕形式）1

（四）浮雕形式之纸杯娃娃

1. 设计思路

过家家是一种儿童的角色扮演游戏，即几个伙伴分别扮演同一个家庭的成员，如"爸爸""妈妈""孩子""宠物"，等等，利用简单的道具，模仿成人日常家庭活动。纸杯作为常见的日用品，除用来喝水，与彩泥的结合还可以为孩子们带来更多乐趣。（图 3-2-11）

图 3-2-11 纸杯娃娃

2. 制作方法与过程

材料准备：彩色黏土、一次性纸杯、色粉或简易化妆品、剪刀。

制作方法与过程如图 3-2-12 所示。

图 3-2-12 制作方法与过程

步骤：①纸杯杯底朝上，放稳，取一块黑色黏土，搓成长条，贴于顶端一圈；②取红色黏土，做八粒圆形小球，粘贴在人物面部朝向的黑色泥条上；③黄色黏土做板形，贴出人物的脸，黑色泥条贴两侧辫子，红色黏土捏板形，贴出衣服，做圆形，贴面部红点儿；④黑色泥条贴出眼睛和衣领，粉红泥条贴出嘴，橙色泥条装饰衣服；⑤可以用色粉或简易化妆品涂抹脸颊；⑥纸杯背面开孔，作品完成。

3. 拓展延伸

参见图 3-2-13。

图 3-2-13　彩泥玩教具 (浮雕形式)2

(五) 立体形式之动物指偶

立体形式的玩教具的观赏性更强，用彩泥塑造立体形象更简洁生动。

1. 设计思路

指偶是常见的幼儿角色游戏活动玩教具，用彩泥制作指偶，既醒目又轻巧，还方便使用。在纸筒上做圆圆的头，粘上可爱的五官，各种表情让人爱不释手。(图 3-2-14)

图 3-2-14　动物指偶

2. 制作方法与过程

材料准备：彩色黏土、黏合好的纸筒、手工白乳胶、塑料泡沫球。

制作方法与过程如图 3-2-15 所示。

步骤：①将小块橘黄色黏土压扁，包裹塑料泡沫，揉成圆球；②纸筒顶端涂胶，固定揉好的圆球；③取黑、白色黏土，将其揉成球形，做眼睛、鼻子，两块水滴形黏土做脸颊，一块椭圆形黏土做下巴；④橘红色心形做舌头；⑤橘黄色、褐色球形压扁后，粘在一起做耳朵；⑥褐色水滴形做狮子头上的长毛，黏结一圈，作品完成。

图 3-2-15　制作方法与过程

3. 拓展延伸

参见图 3-2-16。

图 3-2-16　彩泥玩教具（立体形式）1

（六）立体形式之青蛙妈妈

图 3-2-17　青蛙妈妈

1. 设计思路

"小蝌蚪找妈妈"是大家熟悉的童话故事，故事中小蝌蚪艰辛的找寻历程清晰明了，鼓鼓的眼睛、雪白的肚皮、四条腿等，正是青蛙妈妈形象特点的完美呈现。（图 3-2-17）

2. 制作方法与过程

材料准备：彩色黏土、泥塑刀、手工白乳胶、塑料泡沫球。

制作方法与过程如图 3-2-18 所示。

图 3-2-18 制作方法与过程

步骤：①将小块绿色彩泥揉成圆球状，压成圆片；②用绿色彩泥包裹塑料泡沫球，修整成卵圆形；③用粉红色泥揉成椭圆形做嘴巴；④用片状工具在嘴巴中间位置轻压，分为上、下两部分，红色泥揉成圆形做舌头，用锥形工具压出舌头凹陷；⑤白色圆片贴于绿色圆球前做眼睛，白色做肚皮；⑥绿色泥分别贴出两条前腿和后腿，黄色泥搓线后贴出背部条纹，作品完成。

3. 拓展延伸

参见图 3-2-19。

图 3-2-19 彩泥玩教具（立体形式）2

课后练习与思考

1. 分析一件彩泥玩教具的基本形构成，并模仿练习。
2. 根据某项学前教育活动制作一件彩泥玩教具，并设计其操作与应用方案。

第四章
幼儿园纺织材料玩教具设计与制作

 **学习目标**

1. 掌握纺织材料玩教具的基本制作方法，能举一反三，自己创作纺织材料玩教具。
2. 能根据幼儿特点和教学活动要求制作、操作自制的纺织材料玩教具。

 **学习概要**

本章主要介绍如何运用纺织材料进行玩教具创作，将以布、袜子、手套、毛线等材料为例介绍说明其制作方法。其中手缝针法、毛线勾编玩偶以及各种玩教具的灵活应用与操作是其中的重难点，请根据教材内容认真学习并加强练习。

纺织材料是指纤维及纤维制品，具体有纤维、纱线、织物及其复合物。纺织材料具有柔韧、耐用、安全、可塑性强等特点，一直以来常被用来制作各种玩具。

本章介绍的纺织材料有布、袜子、手套、毛线等，从材料形态上可分为原材料和成品材料。其中，布、毛线属于原材料，而手套、袜子属于成品材料。两种形态的材料制作玩教具时既有不同之处，亦有相同之处。不同之处在于创作方式的不同：用原材料制作玩教具属于一次创作，即直接对原材料进行加工和处理，而无须利用或改变材料的形态；而用成品材料制作玩教具则属于二次创作，需要利用或改变材料的原有形态。相同之处是两者都要经过剪裁、缝合、填充等制作方法和过程，并且很多工具材料也是通用的。

第一节　布材料玩教具

布材料玩教具是指用布料缝制的玩教具，其工艺精巧，将形、色、意、教融为一体，构思新奇，具有对比鲜明、造型生动等特点。（图 4-1-1）

图 4-1-1　布材料玩教具

一、基本技法

纺织材料玩教具的常用技法主要指缝合技法,其中各种手缝针法是关键内容。

(一)手缝针法

在缝制玩教具时,因不同需要,会用到不同的手缝针法。

1. 平针缝

平针缝是最主要的缝法,应用在布片的缝合、服饰的收边和五官的表现上。(图 4-1-2)

图 4-1-2　平针缝

2. 回针缝

因为回针缝较紧密牢固,因此有两大用途:一是适用于弹性大的袜子,或是织度松散的针织、毛线等布料的缝合;二是用于"死口",即无论哪种针法,在入针和收针时都要用回针缝针法加固接口。回针缝的针脚密实,常用于缝制嘴巴、眼睛等轮廓。(图 4-1-3)

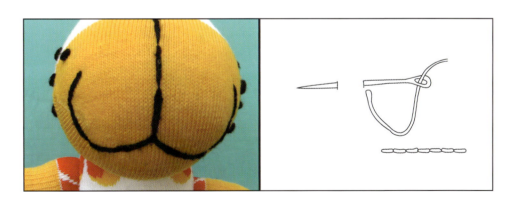

图 4-1-3　回针缝

3. 藏针缝

藏针缝顾名思义是将缝线隐藏的缝法,比较美观,主要用在缺口的缝合,以及肢体的组合接缝上。缝制后针脚隐没于布料内,从外观上看不到针脚。(图 4-1-4)

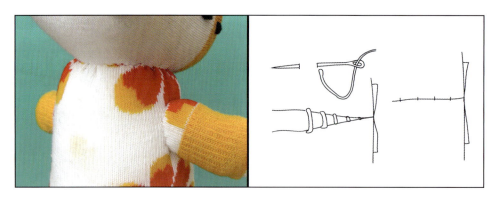

图 4-1-4　藏针缝

4. 打结缝

打结缝一般用于缝线收尾的打结,也可用于表现布偶的胡楂、胡须或斑点等。(图 4-1-5)

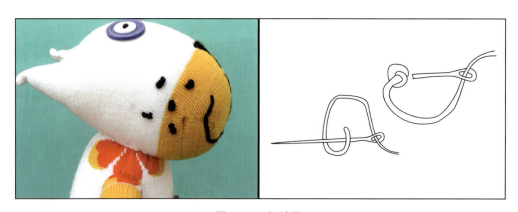

图 4-1-5　打结缝

5. 缎面缝

缎面缝的特色是以连续的缝线形成一块平面,可用于缝制布偶的鼻子、斑纹等。注意缝线不要太紧或太松,保持布面的平顺。(图 4-1-6)

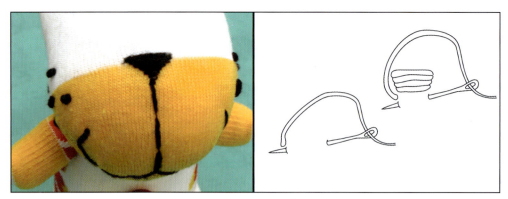

图 4-1-6　缎面缝

6. 锁边缝

锁边缝具有防止布片脱絮散开的绲边功能以及装饰花边的功能,因此,多用于易脱絮的松散布料

的缝合和立体花边的装饰。（图 4-1-7）

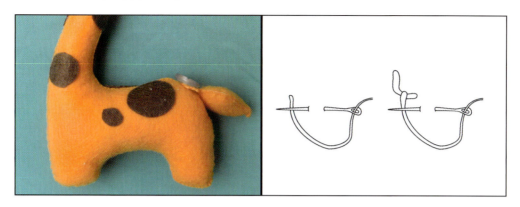

图 4-1-7　锁边缝

7. 锁链缝

锁链缝环环相扣，可以表现出较粗的线条，因此很适合表达嘴巴或眉毛等线条。（图 4-1-8）

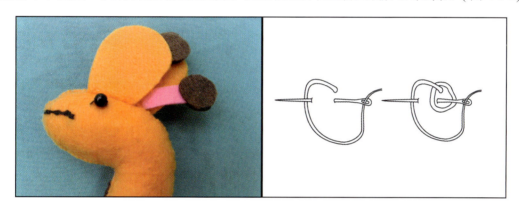

图 4-1-8　锁链缝

（二）缝制要点

无论是哪种针法，入针和收针时都要用回针缝针法加固缺口。入针和收针时所打的结，都要藏在隐蔽处，以保证作品的牢固和美观。同一件作品上，最好同色线连缝，尽量用长线，少打结，这样作品会更牢固和美观。连缝时，前一步骤缝完后，将针线穿引到下一步骤的位置继续缝制即可。

二、应用参考

（一）两片式布偶"长颈鹿"

1. 设计思路

为了增强两片式布偶的操作性与趣味性，应尽量把布偶的配件设计成活动件。如这款两片式小鹿的尾巴是可拆卸的，把这款玩教具设计成"小动物找尾巴"的游戏，可应用于健康、语言活动领域。幼儿在游戏、玩耍过程中可以更好地动手操作，以锻炼其手指的灵活性。（图 4-1-9）

图 4-1-9 两片式布偶"长颈鹿"

2. 制作方法与过程

材料准备：无纺布、PP 棉、手工胶、手缝针、透明线、剪刀、纽扣、笔。

制作方法与过程如图 4-1-10 所示。

图 4-1-10 制作方法与过程

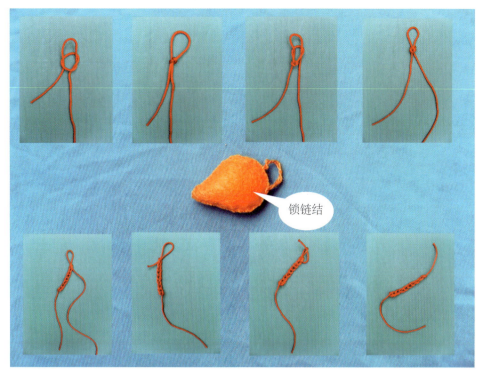

续图 4-1-10

步骤：①将设计好的图样用笔画到面料的背面，依样剪裁；②缝合耳朵、眼睛、嘴巴和角；③将两片裁好的布料用锁边缝针法缝合，注意在下方留入棉口；④通过预留入棉口填入 PP 棉；⑤用锁边缝针法封口，并在臀部缝一粒纽扣，注意入针和收针的线结都要藏于内侧；⑥缝合尾巴，并在尾巴后用锁链结编一个索套缀缝在尾巴上；⑦将尾巴和身体扣在一起；⑧用手工胶将斑点粘贴在身体上，作品完成。

3. 拓展延伸

参见图 4-1-11。

图 4-1-11　两片式布偶玩教具

（二）三片式布偶"长颈鹿"

1. 设计思路

站不起来的两片式布偶玩起来会多有不便。所以，在两片式布偶的基础上加上一个腹片，它立刻就站起来了。能站立的布偶，在应用、玩耍时就方便很多。(图 4-1-12)

图 4-1-12　三片式布偶"长颈鹿"

2. 制作方法与过程

材料准备：花布、PP 棉、纽扣、水消笔、剪刀、缝纫机、手缝针、透明线。

制作方法与过程如图 4-1-13 所示。

图 4-1-13　制作方法与过程

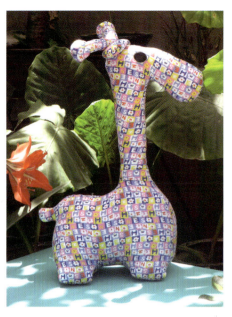

续图 4-1-13

步骤：①将设计好的图样用水消笔画到面料的背面，依样剪裁，其中除了腹片是一片外，其他部件均为两片；②将耳朵、角反缝，并翻正；③将两个圆片平针扎缝一圈，保留扎线，并填入 PP 棉；④抽紧扎线，使其成为一个圆球；⑤将两个圆球分别与角用藏针缝针法拼缝在一起，并将两耳填棉待用；⑥先将一片侧片和腹片反缝，再将另一片侧片与腹片反缝，可车缝，也可用平针缝针法手缝，入针和收针时都要回针，死口，以防开线，注意留返口；⑦在缝合两片侧片时，将两耳和两角反向夹缝在头顶；⑧反缝时注意要预留返口，以待把作品翻正，反缝好布片后，要在转折处分别留牙口，以确保翻正时作品平整，注意牙口的长度以不超过缝线为宜，以免剪断缝线；⑨通过返口将缝好的布料翻正；⑩通过返口入棉，用藏针缝针法封口；⑪缝两粒纽扣作为长颈鹿的眼睛即可。

3. 拓展延伸

参见图 4-1-14。

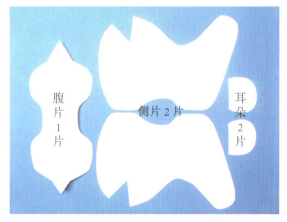

图 4-1-14　三片式布偶玩教具

续图 4-1-14

(三)指偶"小小饲养员"

1. 设计思路

这款玩教具的设计思路来源于"喂小动物吃东西"的游戏。我们可以把五种小动物和它们喜欢的食物分别做成指偶,然后让幼儿进行配对游戏。在游戏过程中,既锻炼了幼儿园的手指,又发展了幼儿的认知、语言、合作能力,一举多得。(图 4-1-15)

图 4-1-15 指偶"小小饲养员"

2. 制作方法与过程

材料准备:无纺布、PP 棉、手工胶、手缝针、透明线、剪刀、纽扣、笔。

制作方法与过程如图 4-1-16。

图4-1-16 制作方法与过程

步骤：①将所有设计好的图样用水消笔画到面料的背面，依样剪裁；②以小狗为例，先将脸上的斑块和耳朵用平针缝针法缝合在脸上；③以正缝方式用锁边缝针法将布片两两缝合，注意留口，然后入棉、封口；④缝合手臂和指套；⑤绣缝嘴巴和眼睛；⑥缝合头部和指套；⑦小狗指偶完成；⑧其他指偶做法与小狗相同。

3. 拓展延伸

(1) 指偶配对。这种配对形式的指偶适合一切配对游戏，只要将相关形象替换就可以了。比如做成数字配对，每个手指上套一个数字指偶，让幼儿进行数字的认读等相关的教学或游戏活动。

(2) 指偶变棒偶。只要将指偶做大一些，再将指偶的指套换成小棒或吸管，并加以固定即可变成棒偶。棒偶因不受指套的影响，所以体量可大可小，如棒偶"乌鸦和狐狸"（图 4-1-17）。

图 4-1-17　棒偶"乌鸦和狐狸"

(3) 指偶变手偶。手偶与指偶的最大区别就是手可以伸进布偶内进行操控和表演。只需把指偶做大，并把指偶的指套换成一个布袋即可变手偶（图 4-1-18）。

图 4-1-18　手偶"猫头鹰"

(4) 指偶变头饰。把指偶做大，将指套换成松紧带或布带，指偶就会变成头饰（图 4-1-19）。

图 4-1-19　头饰

(四) 布书《兔兔的一天》

布书，顾名思义，即布缝制的书。布书有着纸书无法比拟的优点，它不只柔软、可撕咬，更重要的是，它有很强的娱乐性与互动性，是真正适合幼儿主动感知与探索的书，被公认为"小宝宝最好的软性益智读物"，适用于语言、社会、科教、健康、艺术各活动领域。自制布书的内容设计要根据学习功能的需要和幼儿的认知特点，既可以有文字、图案，又可以配有玩偶、摇铃、BB 器、搭扣、魔术贴等多种触觉训练材质和活动件，增强学习、玩耍乐趣，为幼儿提供主动感知、探知的空间。但相比纸书而言，布书价格较高，且数量较少，因而我们理想的选择便是自制布书。下面通过《兔兔的一天》(图 4-1-20)来具体介绍布书的设计与基本制作方法和过程。

图 4-1-20　布书《兔兔的一天》

1. 设计思路

《兔兔的一天》是帮助新入园幼儿了解和适应幼儿园一日活动，养成良好习惯的玩教具。幼儿有将一切事物都想象成自己的认知习惯，因此，书里的主人公被设计成幼儿喜爱的小兔子形象，以增强趣味性；受幼儿认知能力所限，任何文字在幼儿的眼里都被识别为图形，所以书的所有内容以简洁图形的方式呈现；在色彩的设计上，采用了高彩度、强对比的搭配，以增强其视觉效果；本书有很多重复出现的事物和场景，可将其设计成可反复使用的场景和活动件，既增强了玩乐性与互动性，又降低了成本与工作量。

2. 制作方法与过程

(1) 制作书页。

将所需形象剪裁、贴缝，方法同布贴与布浮雕。本书的书页主要表现了小兔子一天生活的场景。为了增强其趣味性，可做图 4-1-21 所示的设计。

图 4-1-21　书页设计

续图 4-1-21

(2) 制作活动件。

将各活动件剪裁、缝合、入棉,方法同指偶,只需把指套换成线绳,把线绳夹缝在布偶中即可。为了增强操作性和趣味性,活动件也做了特别设计,可以配合不同的场景灵活操作。(图 4-1-22)

图 4-1-22　活动件制作

续图 4-1-22

(3) 装订 (图 4-1-23)。

图 4-1-23　装订

续图 4-1-23

(4) 制作完成。

3. 拓展延伸

参见图 4-1-24。

图 4-1-24　布书玩教具

课后练习与思考

请尝试制作一个布玩教具,并设计其应用与操作方案。

第二节 手套、袜子玩教具

利用日常生活中不起眼的手套、袜子也可以制作出生动可爱的玩偶。此类玩偶可应用于幼儿的语言、社会等活动领域,为幼儿的学习创设一个更生动有趣的情境。本节介绍如何用手套和袜子制作玩偶。

一、手套娃娃

手套娃娃的制作巧妙地利用了手套的质感和结构,使作品和材料完美结合,如图4-2-1所示。

图 4-2-1 手套娃娃

(一)企鹅宝宝

1. 设计思路

这是一款超级可爱的袖珍企鹅。制作手套玩偶时会剩下很多边角料,可拿来做一些小玩意儿,如袖珍企鹅就是用剩下来的指套做的。该作品巧妙地利用了手套的本色,只要将背部加染黑色即可。(图4-2-2)

图 4-2-2 企鹅宝宝

2. 制作方法与过程

材料准备：指套若干个、PP棉、黄色无纺布、手工胶、丙烯颜料、水粉笔、剪刀、针线、棉签。制作方法与过程如图4-2-3所示。

图4-2-3　制作方法与过程

步骤：①剪裁指套、嘴巴和脚丫；②入棉、封口，封口时用藏针缝针法；③用手工胶将嘴巴和脚丫粘贴于身体上；④用水粉笔蘸丙烯颜料上色，注意要把丙烯颜料稀释后再用，否则会出现染色不匀和板结现象；⑤用棉签蘸红色颜料给企鹅涂腮红，作品完成。

3. 拓展延伸

参见图 4-2-4。

图 4-2-4　手套娃娃玩教具 1

（二）手套制作的"小女巫"

1. 设计思路

相信每个女孩小时候都幻想过成为一位无所不能的女巫，来实现自己一些奇异的梦想。作品"小女巫"就是根据童话故事里的女巫形象来设计的，只不过，除了有超凡能力之外，这还是一个漂亮、善良的小女巫。作品适用于幼儿园语言活动领域，可以帮助幼儿学习故事、诗歌，丰富幼儿的语言，锻炼幼儿的语言表达能力和想象力。（图 4-2-5）

图 4-2-5　小女巫

2. 制作方法与过程

材料准备：一双白手套、PP 棉、布、缎带、铁丝、水消笔、针线、珠子、毛线、丙烯颜料、水粉笔、棉签。

制作方法与过程如图4-2-6所示。

图4-2-6 制作方法与过程

步骤：①将手套外翻，画出各个部分，沿轮廓线缝合，注意入针和收针时都要回针；②留出0.5厘米的缝边，剪出各个部位的轮廓，并用剩余材料剪出鼻子；③将轮廓从返口翻正；④给头部填棉，用藏针缝针法缝合鼻子、耳朵；⑤将铁丝分别插入手臂和身体，并填棉，注意铁丝要固定在中间，从铁丝的前后分别入棉，封口；⑥用藏针缝针法缝合头部和身体；⑦将两粒黑色小珠子缀缝在脸上作为眼睛，用回针缝针法绣眉毛，注意收针要在头顶的隐蔽处，并注意回针死口；⑧将毛线剪成长约15厘米和5厘米的线束，将毛线分成3~5份，从头顶开始一束一束地扎缝，注意每束的毛线要均匀，缝线要多回几针，扎紧，将针线从耳后出来，并回针；⑨为小女巫修剪头发；⑩用棉签蘸粉色颜料，为小女巫画腮红，注意颜色不宜太浓；⑪缝合衣帽和鞋子；⑫把做好的衣帽、鞋子穿戴在小女巫身上，并修饰、调整；⑬用毛线和小棒捆扎扫把；⑭作品完成，小女巫可以骑着扫把飞行了！

3. 拓展延伸

参见图 4-2-7。

图 4-2-7　手套娃娃玩教具 2

二、袜子娃娃

袜子娃娃是利用袜子的质感、结构、色彩和图案进行造型的,如图 4-2-8 所示。

图 4-2-8　袜子娃娃

(一) 袜子做的"贪吃蛇"

1. 设计思路

作品充分利用了材料的形态结构与色彩。把手伸进袜子里,拇指撑住袜子的后跟,其他四指撑住袜子的脚尖,拇指和其他四指一张一合,很像是一张大嘴;袜子的色彩与蛇很相似。利用这些因素,就可以制作一条张着大嘴的贪吃蛇了。(图 4-2-9)

图 4-2-9　贪吃蛇

2. 制作方法与过程

材料准备:一只花袜子、无纺布、纽扣、剪刀、针线。

制作方法与过程如图 4-2-10 所示。

第四章 幼儿园纺织材料玩教具设计与制作

图 4-2-10 制作方法与过程

步骤：①比照袜底的长度剪一块椭圆形粉色无纺布，用红色无纺布剪出蛇的舌头，用白色无纺布剪出四颗牙齿；②将粉色无纺布缝在袜底上；③将舌头和牙齿缝在粉色无纺布上；④将白扣和黑扣摞缝在一起，做贪吃蛇的眼睛。作品完成，将手伸进袜子，拇指与其他四指分开，即可表演。

3. 拓展延伸

参见图 4-2-11。

图 4-2-11 袜子娃娃玩教具

(二) 连体式袜子玩偶"老虎先生"

连体式袜子玩偶用的是头身一体的制作工艺。这种制作工艺做出的玩偶形象看上去像是双手插在裤袋里，简单、好玩。

1. 设计思路

作品运用原形法制作而成，即充分利用袜子的原始形态，稍加处理。袜子的后跟和袜筒部分做头，其余部分做身体和五官，但头和身体是连在一起的；袜子的条纹图案正好与老虎的花纹相仿。本作品适合在幼儿园语言和艺术活动领域应用。(图4-2-12)

图4-2-12 连体式袜子玩偶"老虎先生"

2. 制作方法与过程

材料准备：一只袜子、PP棉、纽扣、针线、剪刀等。

制作方法与过程如图4-2-13所示。

图4-2-13 制作方法与过程

续图 4-2-13

步骤：①将袜子剪成图 4-2-13 所示的形状；②反缝身体，将返口留在头顶；③翻正身体，并给身体填棉，注意一边填一边调整，要把棉填匀，避免板结和空虚；④用藏针缝针法封口；⑤缝合耳朵和鼻子，并填棉；⑥用藏针缝针法将耳朵和鼻子缝合在脸上，并用回针缝针法，小针脚在身体两侧纠缝出手臂；⑦将扣子缀缝在脸上，作为眼睛；⑧用无纺布剪"王"字，并缝在头顶；⑨用回针缝针法绣缝嘴巴、胡须，将小黑珠缝在鼻子上做胡楂，作品即完成。

3. 拓展延伸

参见图 4-2-14。

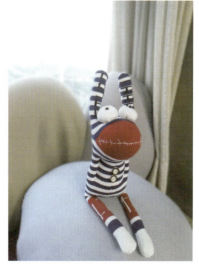

图 4-2-14 连体式袜子玩偶

（三）分体式袜子玩偶"河马先生"

分体式袜子玩偶是相对于连体式袜子玩偶而言的，头和身体是分别制作再缝合在一起的。分体式袜子玩偶的制作工艺相对复杂，但不受材料形态的限制，制作出来的形态也就千姿百态。

1. 设计思路

作品运用分体式工艺，将一只袜子先分解再重组而成。用袜子的脚尖处剪裁出河马的头，然后用剩余部分做身体和四肢。作品可应用于幼儿园语言和科学活动领域。(图 4-2-15)

图 4-2-15　河马先生

2. 制作方法与过程

材料准备：一双袜子、PP 棉、纽扣、针线、剪刀等。

制作方法与过程如图 4-2-16 所示。

图 4-2-16　制作方法与过程

步骤：①剪裁袜子；②用回针缝针法反缝所有部位，注意留返口；③将所有部件翻正，入棉，用藏针缝针法封口；④用藏针缝针法缝合身体和头以及四肢；⑤捏缝嘴巴；⑥用扣子缝眼睛，作品即完成。

3. 拓展延伸

参见图 4-2-17。

第四章 幼儿园纺织材料玩教具设计与制作

图 4-2-17　分体式袜子玩偶

课后练习与思考

请分别制作一个手套玩偶和一个袜子玩偶，并设计其应用与操作方案。

第三节　毛线材料玩教具

毛线是一种容易获取的手工材料，用它制作的玩教具质地柔软、轻巧，容易清洗，可重复使用。因此，自制毛线玩教具在幼儿园有着广泛的应用。（图 4-3-1）

图 4-3-1 毛线材料玩教具

一、提线火烈鸟

1. 设计思路

该作品适用于科学、健康领域的活动。用捆扎法扎好的绒球配上一次性塑料勺子和筷子就可以制作出一只可爱的提线火烈鸟。(图 4-3-2)

图 4-3-2 提线火烈鸟

2. 制作方法与过程

材料准备：橘红色毛线、白色毛线、两把一次性塑料勺子、两个黑色小珠子、一双筷子、渔线、剪刀、手工胶和纸盒。

制作方法与过程如图 4-3-3 所示。

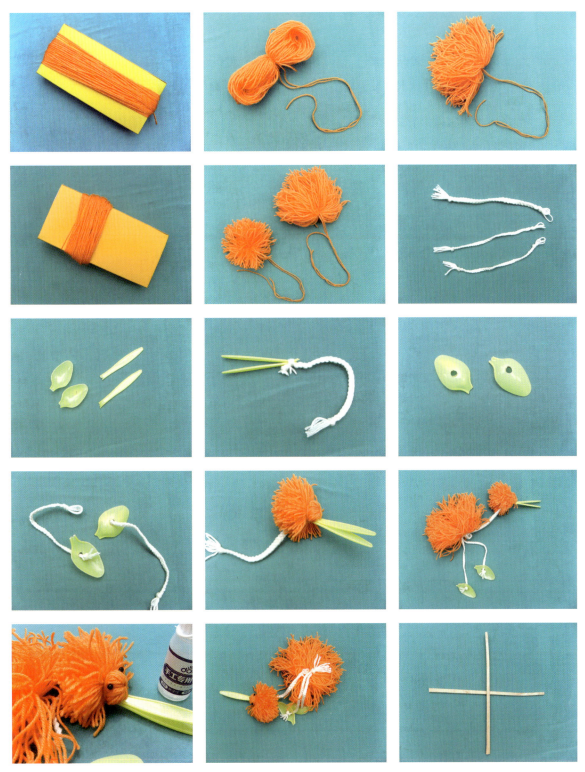

图 4-3-3　制作方法与过程

续图 4-3-3

步骤：①将橘红色毛线缠在纸盒较长的面上；②从纸盒上取下毛线，用同色毛线扎紧，注意捆扎线团的线要留长待用；③将两端的线圈剪断，做成一个大毛线球；④将橘红色毛线再缠在纸盒较短的面上；⑤像做大毛线球一样再做一个小毛线球；⑥编一粗、两细三条长约 15 厘米的麻花辫；⑦将两把一次性塑料勺子剪断，勺子柄做火烈鸟嘴，勺子头做火烈鸟的脚；⑧将粗麻花辫一端与两把勺子柄扎紧；⑨用剪刀将两把勺子头打孔；⑩将细麻花辫两端穿入勺孔并打结；⑪用扎线团的余线将粗麻花辫带勺柄的一端与小毛线团捆扎、连接在一起，注意连接时要将所有毛线向后拢，然后再捆扎；⑫将粗麻花辫的另一端、大线团、细麻花辫三者捆扎相连。捆扎时，要扎大线球的中间，使毛线可以四散开来；⑬为火烈鸟粘上眼睛；⑭分别在火烈鸟头部、身体、双脚上缀缝渔线，线头要留长待用；⑮将两根筷子用渔线扎成"十"字待用；⑯将 4 条渔线分别捆扎在筷子上，并调整各线的长度，使火烈鸟的脖子和腿呈自然弯曲状态；⑰作品完成，用手提起筷子便可操作。

3. 拓展延伸

参见图 4-3-4。

图 4-3-4　毛线娃娃玩教具

二、毛线勾编玩偶"大熊猫"

1. 设计思路

毛线勾编玩偶在设计时主要考虑其造型和色彩的搭配。大熊猫有圆圆的身形、黑白的毛色,只要把这两点表现出来即可。本作品适用于幼儿园语言、科学活动领域。(图4-3-5)

图 4-3-5　大熊猫

2. 制作方法与过程

材料准备:白毛线、黑色和白色无纺布、PP棉、黑色小珠、钩针、剪刀和针线等。

制作方法与过程如图4-3-6所示。

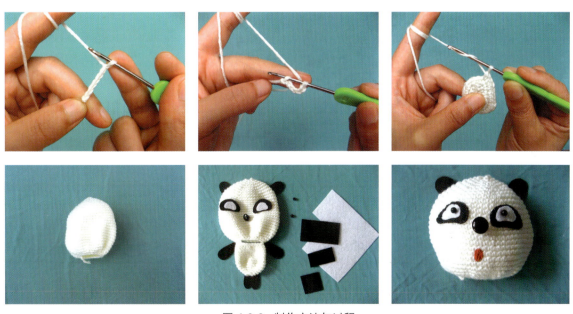

图 4-3-6　制作方法与过程

续图 4-3-6

步骤：①用白毛线勾出 6 针小辫针；②将钩针插入第一针小辫的针孔，使其成为一个圆圈；③开始勾短针并加针；④勾成椭圆袋状即为头部；⑤根据头与身体的大小，用无纺布剪出四肢和五官；⑥绣缝五官；⑦给头部和身体填棉；⑧用藏针缝针法缝合身体，作品即完成。

3. 拓展延伸

参见图 4-3-7。

图 4-3-7　毛线勾编玩偶

课后练习与思考

请制作一个缠线娃娃和一个毛线勾编玩偶，并设计其应用与操作方案。

第五章
幼儿园自然材料玩教具设计与制作

 学习目标

1. 了解自然材料玩教具的设计原则和构思方法。
2. 掌握自然材料的性能、自然材料玩教具的基本制作方法,并能触类旁通,创作自然材料玩教具。
3. 能根据幼儿特点和教学活动要求制作、操作自然材料玩教具。
4. 培养在生活中发现美、创造美的能力。

 学习概要

本章主要介绍如何运用自然材料进行玩教具制作,主要包括植物材料玩教具制作、石头玩教具制作、蛋壳玩教具制作。以上各种材料,都具有自然、环保的特点;在创作的方法上也有一个共性——都是在材料的原有形态上进行二次创作。综合上述内容,本章的学习重点和难点就是如何巧妙地运用材料的自然形态和具体的制作方法进行二次创作。

自然材料玩教具是指运用自然界中的各种材料制成的玩教具,如果蔬玩教具、木材料玩教具、石材料玩教具、贝壳玩教具、羽毛玩教具等。自然界中的一切事物都有可能成为制作玩教具的材料。

自然材料玩教具在幼儿园教育中有着重要的地位和作用,一个小小的玩教具对于孩子来说不仅仅只是一个好玩的"玩意儿",它不但可以向幼儿传递知识和快乐,而且可以培养孩子初步的环保意识。幼儿在把玩这些玩教具时,会自然而然地亲近自然,这对培养幼儿热爱自然、保护自然的情感大有裨益。

一、"土豆娃娃"

1. 设计思路

美味的土豆不仅可以提供丰富的营养,而且可以成为幼儿的玩伴儿。只要为土豆添上五官,它就摇身一变,成了一个可爱的"土豆娃娃"。本款玩教具适用于幼儿园健康、艺术、语言、社会等活动领域。既可以作为幼儿园美劳的活动内容,又可利用它玩娃娃家的游戏,在动手操作过程中发展手、脑的协作能力,在游戏的过程中发展语言、交往能力。(图5-1)

图 5-1　土豆娃娃

2. 制作方法与过程

材料准备：土豆、一块三角形花布、不织布、手工胶、吸管、黑豆、剪刀、勺子和铁丝等。制作方法与过程如图 5-2 所示。

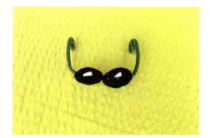

图 5-2　制作方法与过程

步骤：①用勺子在土豆上挖出嘴巴；②将裁成 2 厘米长的吸管插入土豆，做娃娃的鼻子、眼睛；③制作眼镜；④为娃娃戴上头巾和太阳镜，作品即完成。

3. 拓展延伸

参见图 5-3。

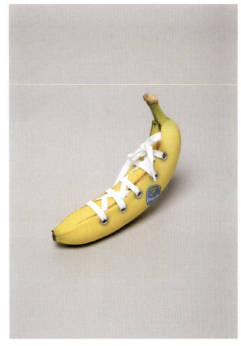

图 5-3　果蔬娃娃

二、捆扎法制作"小椅子与小桌子"

1. 设计思路

本方法适用于科学和社会活动领域。在材料的应用上选择了最易获取的树枝。树枝是非常适合自制玩教具的木材料。通常只要利用树枝的自然形态和线性特征，通过简单的工具和工艺就可以制作出栩栩如生的、极富天然情趣的作品。这款小桌椅就是由捡来的几根树枝通过黏合、捆扎而成的。（图 5-4）

图 5-4　小椅子与小桌子

2. 制作方法与过程

材料准备：粗细相似的干树枝若干、麻绳、热熔胶枪、胶棒、锯条和美工刀等。

制作方法与过程如图5-5所示。

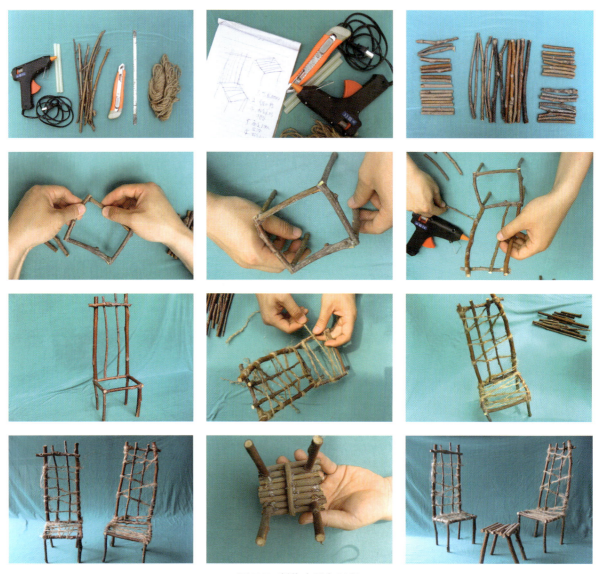

图 5-5　制作方法与过程

步骤：①画出设计草稿；②将树枝锯成需要的小段儿，作品的大小可根据材料和需要而定；③将胶涂抹在木段儿的顶端将其黏合（注意抹过胶后要用两手按压3~5秒，待胶凝固后才可粘牢）；④先黏合一个长方形，再为其黏合四条腿，作为椅子的框架；⑤为椅子的框架粘上靠背，椅子的大框架就做好了；⑥用麻绳捆扎，用以加固和装饰，一把椅子就做好了；⑦用相同的方法再做一把椅子和桌子，一套小桌椅就做好了。

3. 拓展延伸

参见图5-6。

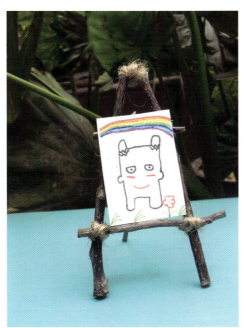

图 5-6　捆扎法作品

三、树叶粘贴画"猫头鹰"

1. 设计思路

根据各种树叶的形状、大小和颜色,想象它们可以制作成什么。在这个案例中,大的叶片可做成猫头鹰的身体,较小的梧桐叶可作为猫头鹰的翅膀,细长的叶子作为猫头鹰的眉毛,较小的梭形叶子作为猫头鹰的鼻子。这样,一只可爱的猫头鹰就做好了。(图 5-7)

图 5-7　树叶粘贴画"猫头鹰"

2. 制作方法与过程

材料准备：树叶、色卡纸、双面胶和剪刀。

制作方法与过程如图5-8所示。

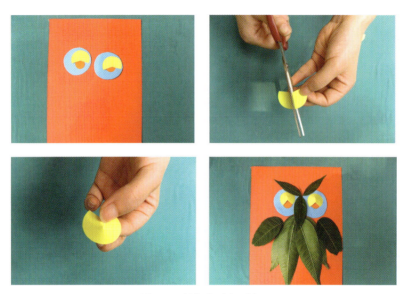

图5-8　制作方法与过程

步骤：①用色卡纸剪出猫头鹰的眼睛；②为黄色的纸片剪切一个0.5厘米的小口；③在小口上贴上胶，并拉拢两边，黏合，使其呈现立体效果；④粘贴猫头鹰的眼睛、眉毛、身体、翅膀和嘴巴，作品完成。

3. 拓展延伸

为了增强其趣味性和操作性，可以把猫头鹰的身体由树叶变成纸袋或信封。注意，猫头鹰的眉眼、嘴巴应粘在纸袋底儿的边缘线上，便于操作时纸袋上下开合(图5-9)。

图5-9　用信封做的"猫头鹰"

四、"嘻哈一族"

1. 设计思路

自然界的石头千奇百态，作品"嘻哈一族"正是利用石头大小、形状的不同，通过组合、添加画面形成新的形态，作品适用于艺术领域，是美劳玩教具的具体体现。(图5-10)

图5-10 "嘻哈一族"

2. 制作过程

在制作石玩作品时，可适时添加一些布料作为点缀，如头巾和衣服等部分的修饰。"嘻哈一族"的制作过程如图5-11所示。

图5-11 制作过程

①准备一块较大的椭圆形石头、三块较小的椭圆形石头、一块三角形花布、一根铁丝、丙烯颜料、水粉笔、热熔胶枪和胶棒等工具材料；②在其中一块较大的椭圆形石头上画上眼睛，另一块大石头上画项链；③将其中一块较小的椭圆形石头粘在脸上做鼻子；④黏合头部和胸部；⑤制作眼镜，作品即完成。

3. 拓展延伸

参见图 5-12。

图 5-12 石头玩教具

五、蛋壳粘贴画"喜羊羊"

1. 设计构思

创作适合幼儿的玩教具必须考虑幼儿的年龄和兴趣,因此,这件作品以幼儿喜爱的卡通形象为主题进行创作。在色彩应用上,正好可以选择自然的白蛋壳和红蛋壳而无须着色。(图5-13)

图 5-13 喜羊羊

2. 制作方法与过程

材料准备:红色和白色蛋壳、手工白乳胶、色卡纸、铅笔、橡皮、记号笔和镊子等。

制作方法与过程如图 5-14 所示。

图 5-14　制作方法与过程

步骤：①将蛋壳去内膜，压成较大的碎片，按颜色区分；②用铅笔在色卡纸上起线稿，并用记号笔勾勒线稿；③将胶水涂抹于线稿之内；④取一块较大的蛋壳放在胶水之上；⑤将蛋壳碎片再次压碎；⑥用镊子将碎片分离开，使每片蛋壳之间能够露出底色，每片蛋壳之间的缝隙不宜过大且要均匀，注意每个区域内的蛋壳颜色要一致；⑦依同样的方法完成作品。

3. 拓展延伸

因蛋壳粘贴画是利用碎小的蛋壳进行创作的，因而此项活动不仅要动脑，而且要动手，在手脑协调运动中发挥幼儿的创造力和想象力。与蛋壳粘贴画有着异曲同工之效的，还有种子粘贴画、碎纸粘贴画等（图 5-15）。因此，在实际的教学中，可视情况灵活选择创作材料。

图 5-15　种子粘贴画与碎纸粘贴画

六、蛋壳不倒翁

图 5-16 蛋壳不倒翁

不倒翁是一种形状像人而在造型和重量上制成一经触动就摇摆然后恢复直立状态的玩具。形象非常丰富,是深受幼儿喜爱的一种玩具。

1. 设计思路

利用蛋壳做不倒翁要考虑两个方面的问题:一是如何实现势能原理;二是如何把形象处理得更加生动。在这款玩教具中,把橡皮泥贴在蛋壳内下部,使其实现势能原理;另外,在形象的处理上着重突出夸张、幽默的特点,以引发幼儿的兴趣。(图5-16)

2. 制作方法与过程

材料准备:一个完整的蛋壳(鸡、鸭、鹅蛋均可,蛋壳的开口要在较尖的一端,壳的内膜应去除)、石子、丙烯颜料、蜡烛、火柴、双面胶、铅笔、橡皮和水粉笔。

制作方法与过程如图 5-17 所示。

图 5-17 制作方法与过程

步骤 ①将相当于蛋壳体积约1/5的石子放进蛋壳正底部,注意不要弄破蛋壳;②将蜡烛油滴入蛋壳,完全覆盖石子,使石子和蛋壳粘在一起;③注意调整石子的量和位置,直至蛋壳可以直立在桌面;④用双面胶封住顶端的小口;⑤用铅笔在蛋壳上画线稿;⑥用丙烯颜料涂色,作品完成。

3. 拓展延伸

参见图 5-18。

图 5-18 蛋壳玩教具

如果担心幼儿用不好蛋壳,也可将蛋壳换成乒乓球来制作不倒翁,则材料和方法更适合幼儿的操作。具体制作方法是:①把乒乓球用剪刀去掉一部分,将橡皮泥捏成团,填在半个乒乓球内并抹平;②把色卡纸剪成一个扇形,扇形的弧长应稍大于乒乓球的圆周长,并将扇形两边对接做成一个圆形;③将纸圆锥与乒乓球黏结起来,用彩笔在乒乓球上画出头像,这样一个可爱的乒乓球不倒翁就做成了。

课后练习与思考

1. 请尝试制作一个石玩作品,并设计其应用与操作方案。
2. 请尝试制作一个蛋壳不倒翁,并设计其应用与操作方案。

第六章
幼儿园废弃材料玩教具设计与制作

学习目标

1. 了解废弃材料玩教具的设计原则和构思方法。
2. 掌握废弃材料玩教具的基本制作方法。
3. 能根据幼儿特点和教学活动要求制作、操作废弃材料玩教具。
4. 培养学前儿童在生活中发现美、创造美的能力和环保意识。

学习概要

本章主要介绍如何运用废弃材料进行玩教具创作，即塑料废弃材料玩教具制作、金属废弃材料玩教具制作和其他废弃材料玩教具制作。本章玩教具所用材料都是生活中的废弃材料，因此在制作方法上都属于旧物改造。对于利用旧物改造制作幼儿园玩教具来说，重点考虑的应该是玩教具的可玩性与教育性。因此，对于本章内容来说，发现、利用身边一切可用之物，创作出可促进幼儿发展的玩教具是重点和难点内容，制作的技法并不重要，关键在于巧妙的构思与创意。

在幼儿园玩教具制作中提倡利用身边一切可用之物自制玩教具。废弃材料玩教具不但是幼儿园教学中重要的物质资源，是幼儿园教师在教育教学中的好帮手，而且是一种课程资源，是幼儿园各活动领域的主要内容。所以，废弃材料自制玩教具是幼儿园自制玩教具的主要内容和形式。此类玩教具不但可以节约成本，更重要的是，还有助于培养幼儿勤俭的品德和环保的习惯。

一、分解法制作的"饮料瓶弹射器"

图 6-1 饮料瓶弹射器

1. 设计思路

这是一个科技小制作，意在使用最简单的工具材料使幼儿明白弹力的原理，并在操作玩教具的过程中得到乐趣。作品运用分解法，将最普通的饮料瓶变成有趣的弹射器。（图 6-1）

2. 制作方法与过程

材料准备：一个塑料饮料瓶、橡皮圈、一根线绳、一粒扣子、若干保丽龙球和一把剪刀。

制作方法与过程如图 6-2 所示。

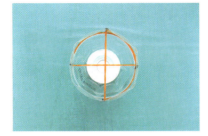
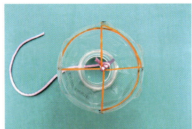

图 6-2　制作方法与过程

步骤：①用剪刀把饮料瓶剪开，只要上半部分，并四等分圆周；②在瓶子四等分处分别用剪子剪开一个小豁口；③把两根橡皮圈呈十字形套在豁口上，注意这里用的饮料瓶上有个凹痕，可以套牢橡皮筋，如果用的瓶子上没有凹痕，也可以用胶带围着瓶子粘一圈，把皮筋粘住；④将线绳系在两根皮筋构成的十字线的正中；⑤在瓶盖上钻一个小孔，把线绳穿过去；⑥线绳末端打结，防止线绳从小孔中出来；⑦作品完成，将球置于其中便可发射。

3. 拓展延伸

本作品属于弹射类玩教具，原理与弹弓相同，两种玩教具在教学中有相同的功能，可根据情况灵活选择。弹射物也可灵活选择，如将乒乓球换成用吸管制成的"火箭"，让幼儿体验一下发射火箭的乐趣。

二、组合法制作的"套娃存钱罐"

1. 设计思路

作品的设计灵感来源于俄罗斯套娃。爽歪歪的瓶子形态与俄罗斯套娃的外形酷似，因此，可以加以利用，将其稍加添画就可以创作出一个套娃存钱罐。只不过俄罗斯套娃是由多个空心木娃娃一个套一个组成的，这里所做的只是形似套娃的存钱罐。（图 6-3）

2. 制作方法与过程

材料准备：一个爽歪歪瓶子、一个保丽龙球、热熔胶枪、胶棒、

图 6-3　套娃存钱罐

铅笔、橡皮、丙烯颜料、水粉笔、剪刀、锯条和美工刀等。

制作方法与过程如图6-4所示。

图6-4 制作方法与过程

步骤：①将爽歪歪瓶子的口切除；②将保丽龙球塞入瓶口并用热熔胶黏合；③用铅笔在瓶子上画线稿；④用丙烯颜料给瓶子涂色；⑤在瓶底切开一个口子，口子的宽度要大于一元硬币的直径；⑥作品完成。

3. 拓展延伸

参见图6-5。

图6-5 组合法制作的存钱罐

三、组合法制作的"舞龙"

1. 设计思路

该作品运用了组合法和添画法，灵感来源于我国的民间舞龙艺术。作品可应用于幼儿园健康和社

会活动领域。作品运用组合法将大大小小的饮料瓶组合在一起，再稍加修饰便创作出一条惟妙惟肖的舞龙。(图 6-6)

图 6-6　舞龙

2. 制作方法与过程

材料准备：1 个大号油壶、1 个稍大的方形果汁瓶、4 个矿泉水瓶、5 根小棍棒、黄色和红色及时贴、细铁丝、线绳、硬纸板、宽胶带、美工刀和剪刀等。

制作方法与过程如图 6-7 所示。

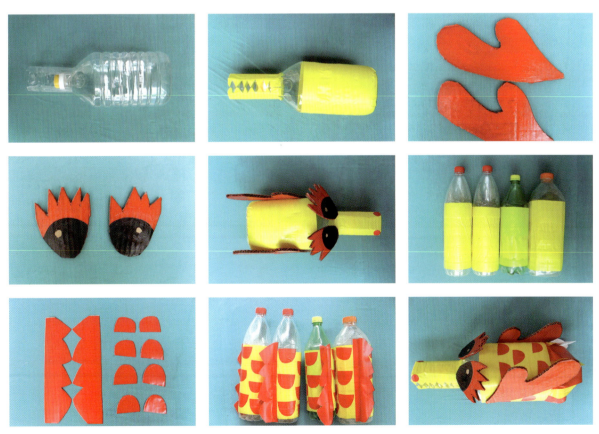

图 6-7　制作方法与过程

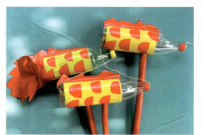

续图 6-7

步骤：①将方形果汁瓶如图 6-7 所示剪切待用，将方形果汁瓶与油壶用宽胶带黏合在一起，作为龙头；②用黄色及时贴粘贴龙头；③在硬纸板上画出龙角的轮廓，用及时贴粘贴龙角；④用硬纸板剪出龙眼，用及时贴粘贴龙眼；⑤粘贴龙角和鼻子；⑥用黄色及时贴修饰所有瓶身；⑦用红色及时贴剪出龙鬃和龙麟，注意龙背上的龙鬃都是对称的两片及时贴合成一片，粘贴时也是两片先对贴，然后再粘贴在背部；⑧粘贴龙鬃和龙麟；⑨粘贴龙头上的龙鬃和龙麟，注意龙头上的龙鬃在脑后粘贴一圈即可；⑩将一根细铁丝穿入鼻子上方，并在末端贴上四片红色及时贴，将其作为龙须；⑪所有龙身和龙头均插入木棒；⑫用红色及时贴剪出龙尾，并贴在最后一节龙身后；⑬在每个瓶盖与瓶底上开一个小孔，并将缰绳穿入其中；⑭使龙头与每节龙身相连，作品完成。

3. 拓展延伸

这件作品还可以有其他的玩法：把每一个瓶子拆分下来，让幼儿当马骑，为了更生动有趣，还可以把瓶子做成小马或小牛等不同形象。

四、缠绕法制作的螺旋下降小飞机

1. 设计思路

这是一个简单的科技手工小制作，也是演示重力势能转变成动能和螺旋运动轨迹的一个生动有趣的小教具。运用缠绕法制成一个螺旋支架，然后让小飞机从支架上自动螺旋下落。该作品将科学道理巧妙地蕴含到教具中，再通过简单的科学实验将科学道理演示出来。(图6-8)

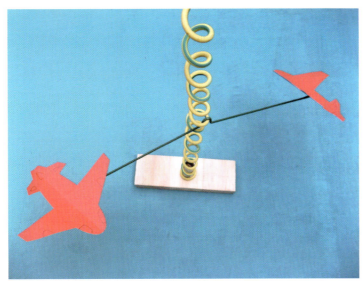

图6-8　螺旋下降小飞机

2. 制作方法与过程

材料准备：一根小棒、木块底座、粗铁丝、热熔胶枪、胶棒、色卡纸、记号笔和剪刀。

制作方法与过程如图6-9所示。

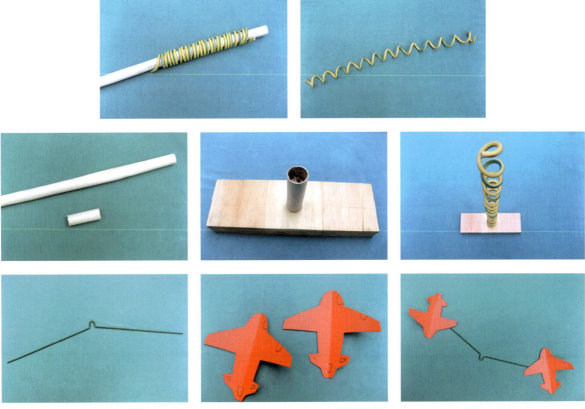

图6-9　制作方法与过程

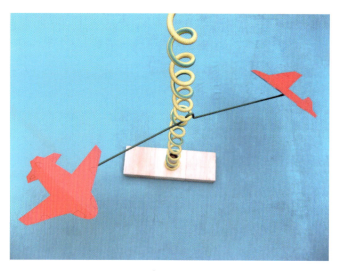

续图6-9

步骤：①把粗铁丝缠绕在小棒上；②将铁丝拉开，使其呈螺旋状；③将小棒截为两段；④将较短的小棒用热熔胶枪粘贴在底座上；⑤将螺旋铁丝套在底座上，并用胶粘好；⑥将粗铁丝正中弯成U形，两端向下倾斜；⑦用色卡纸剪两架小飞机，并添画装饰；⑧将飞机粘贴在铁丝两端，注意小飞机是45°角倾斜；⑨制作完成。

3. 拓展延伸

本作品是集科学、趣味于一体的玩教具。只要正确运用科学原理，作品的形式可以灵活设计，以增强其趣味性。（图6-10）

图6-10 缠绕法制作的玩教具

五、用气球制作的"喷气式小汽车"

1. 设计思路

用气球制作玩教具主要是利用其可充气的特点。当气球内的气体被释放时，会产生一股向后作用的反冲力。因此，可以利用这一原理来制作一辆喷气式小汽车。该作品适用于幼儿园艺术、科学、健康活动领域。（图6-11）

第六章 幼儿园废弃材料玩教具设计与制作

图 6-11 喷气式小汽车

2. 制作方法与过程

材料准备：一个气球、一辆可以转动的自制小汽车、橡皮圈、气筒、粗吸管、双面胶、手工胶和剪刀。

制作方法与过程如图 6-12 所示。

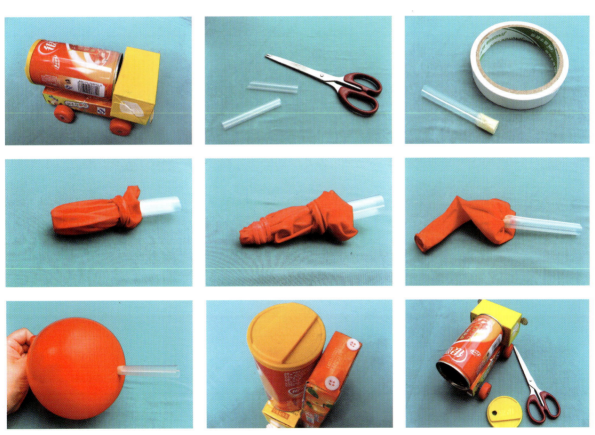

图 6-12 制作方法与过程

续图 6-12

步骤：①用组合法制作"油罐车"；②剪一段吸管待用；③用双面胶将吸管的一端包裹，以防止扎破气球；④将气球翻过来包裹在吸管缠过胶带的一端；⑤用橡皮圈将气球扎牢，注意不要扎破气球；⑥将气球再翻正；⑦给气球充气，测试是否漏气；⑧将"油罐车"的黄色盖子取下待用；⑨在盖子上打孔，孔的大小不得大于吸管的直径；⑩将吸管穿入盖子的孔中；⑪将吸管剪短，保留1厘米左右；⑫将吸管纵向剪成三片；⑬将三片吸管压平，用胶固定在盖子上；⑭将盖子盖回车体，作品即完成；⑮向气球内充气，并用手捏住口；⑯将小车置于平坦、光滑的平面，松开手，小车自动向前跑去。

3. 拓展延伸

参见图 6-13。

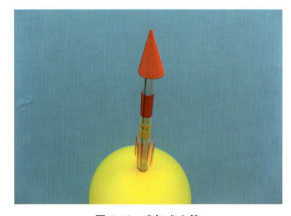

图 6-13 喷气式火箭

六、晾衣夹制作的"大鱼吃小鱼"

1. 设计思路

该作品利用了晾衣夹可以开合的构造和功能。晾衣夹一开一合很像一张一合的大嘴。利用这一点,稍加修饰,就可以做出一个幽默可爱的"大鱼吃小鱼"的玩具。(图 6-14)

图 6-14　大鱼吃小鱼

2. 制作方法与过程

材料准备:晾衣夹、水彩纸、双面胶、剪刀、颜料、水粉笔和彩笔等。

制作方法与过程如图 6-15 所示。

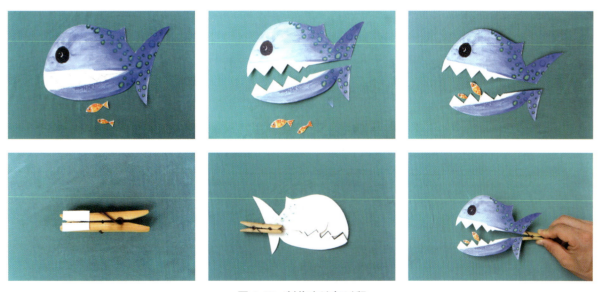

图 6-15　制作方法与过程

步骤:①用水彩纸剪出一条大鱼和两条小鱼的轮廓并装饰;②将大鱼剪成两半;③将两条小鱼粘贴在大鱼的下片;④在夹子的两个面上贴上双面胶;⑤将两片大鱼粘贴在夹子上,作品完成;⑥用手捏夹子,大鱼便张开大嘴吃小鱼了。

3. 拓展延伸

用同样的方法可将活动进一步拓展。根据"大鱼吃小鱼，小鱼吃虾米"，再做出"小鱼吃虾米"的玩具。注意，为了更形象，"小鱼吃虾米"中鱼的大小和形象要与"大鱼吃小鱼"中的鱼有所区别。（图6-16）

图6-16　小鱼吃虾米

 课后练习与思考

1. 请尝试制作喷气式汽车或火箭，并设计其应用与操作方案。
2. 请尝试设计、制作一个晾衣夹玩具，并设计其应用与操作方案。